「臨死体験」を超える死後体験 Ⅳ

2012 人類大転換

宇宙生命体との交信

坂本政道

モンロー研究所にある
巨大な水晶

はじめに

本書は、ケンタウルス座アルファやシリウス、アークチュルス、プレアデス星団、オリオン座三ツ星など、さまざまな星系にいる生命存在たちとの交信によって得られた情報をそのままの形で明らかにしたものである。

得られた情報はあまりに重要で、かつ緊急性の高いものばかりなので、あえてここにできるだけそのままの形で公開する。

私はこれまで、米国モンロー研究所で開催されるプログラムに参加し、ヘミシンクという音響技術を用いて変性意識状態で体験する事柄について、『死後体験』シリーズⅠからⅢでレポートしてきた。このシリーズ4作目では、さまざまな星系にいる生命体との交信に主眼をおいた。

こういう生命存在は、ほとんどの場合、通常考えられているような物質的な生命体ではない。物質的な実態を伴わない非物質の存在である。物質的な生命体が生育不可能な環境下でも彼らは存在できるのだ。

彼らとの交信により、さまざまな驚くべき事柄が明らかになった。

そのひとつに、人類との関わりがある。

彼らは人類と深い関係にあり、人類の始まりに対して大きな影響を持っていたのである。

そして今なお影響を及ぼしている。

またピラミッドの建造にも大きく関わっていた。交信によりピラミッドの役割についても重要な情報が明らかになった。人類の意識の進化にとって、大きな寄与をするのだ。

ここで、明らかになったことの中で一番緊急度の高い情報は2012年に向けて今着々と進行中の事柄である。

明らかになった内容はあまりに重要なことを含むので、あえてここに列挙したい。

1　地球生命系へ銀河系の中心核から生命エネルギー（無条件の愛、スーパーラブ）が流れこんできている。これは非物質のエネルギー、つまり霊的な光であり、世に言われているような、物質的フォトンでは決してない。この生命エネルギーの流入は、2012年にピークを迎える。このエネルギーによって地球と人類に大きな変化が起こり始めている。

2　そのエネルギーを活用すれば、人類を地球生命系へ縛り付けるさまざまな束縛から自由になることが可能である。

3　死後世界のフォーカス27にはこのエネルギーを活用する施設が造られた。これを使えば、フォーカス27にいる人たちは人間界を卒業し、フォーカス35へ行くことができる。今、フォーカス27にいる多数の人たちがフォーカス35へ進む道を選んでいる。

4 死後世界の中の囚《とら》われの世界であるフォーカス23から26にいる多くの人たちは今かなりのペースでフォーカス27へ救出される過程にある。フォーカス27へ至ると、そこからフォーカス35へ行くことが可能になる。

5 この世とあの世の境界であるフォーカス21に、フォーカス27へと直接つながる通路（橋、エスカレータ、エレベータなど）ができた。死後、多数の人が23から26に囚われることなく、直接フォーカス27へ行くようになった。

6 人が人間を卒業しフォーカス35へ進む道を選ぶか、それとも欲望と感情など執着の道（輪廻の道）を選ぶかは、個人に任されている。誰かが選別試験をするわけではない。個々人の自由意志に任されているのだ。ここで、地球生命系自体も進化するので、今までのようには、輪廻の道を選んだ人たちを受け入れられなくなる可能性が高い。そういう人たちは別の生命系へ行かざるをえなくなるだろう。

7 高次の意識存在たちは、このエネルギーが活用できる千載一遇の機会を利用すべくさまざまな手を打っている。その結果として、人類の数はかなり減ることになる。これは人間を卒業するためであり、人類にとっては悲しむことではない。死後に対する誤った信念を改め、正しい知識を持ち、フォーカス27へ行かれるようになることが大切である。

今、目を地上に向けてみると、宗教観の対立やそれがもとでの戦争、さらにテロリズム、拝金主義的な経済・社会と環境破壊など、さまざまな問題が蔓延している。これらはすべて弱肉強食の地球生命系で、我々人類が生き抜くために身に付けた信念が元にある。つまり、他を蹴落として自分だけが生き抜くことを是とする信念である。

地球生命系は我々に貴重な学びの機会を与えてくれたのではあるが、そろそろそこから離れるときが訪れたと言える。つまり、こういう信念から自由になるときが来たのだ。

本書を通して、人類以外にも多くの生命体が宇宙に存在することを知り、人類がどこからきたのか、そして今どこへ行こうとしているのか、明らかになれば幸いである。

2007年6月　坂本政道

「臨死体験」を超える死後体験 Ⅳ

2012人類大転換

宇宙生命体との交信

目次

モンロー研究所

プロローグ　ここまでの経緯

『死後体験Ⅲ』が世に出てからすでに2年半が経った。ⅠからⅢを読まれた方も記憶が薄れているのではないだろうか。また、本書を初めて手にされる方もいらっしゃると思われる。そこで、ⅠからⅢを読まれた方の記憶をリフレッシュすると同時に、まだ読まれていない方のために、ここまでの経緯と必要な言葉について手短に解説したい。

先を急ぐ方は第一章へ進まれてもかまわない。

＊　＊

人は死んだらどうなるのかについて、常々興味を持っていた私は、死後世界を体験できると標榜する**モンロー研究所**を２００１年から訪れるようになった。単なる興味ではなく、その裏には**死の恐怖を解決**したいという強い思いがあった。

実は１９８９年にロバート・モンローの本を読んでから**体外離脱**を何度もするという体験をしていた。体外離脱とは自分が自分の肉体から離れ、肉体の外に存在することを体験する現象である。この経緯については拙著『体外離脱体験』（たま出版）をご覧いただきたい。

体外離脱を体験すると自分が肉体から独立に存在することを明らかに知る。ただし、それだけでは死後自分がどこへいくのかに対する回答は得られない。もちろんその技に精通し、自在にコントロールできるようになれば、モンローのように死後世界を見てくることも可能である。私はそこまでには至らなかった。

そういう背景があって２００１年４月、米国ヴァージニア州にあるモンロー研究所のドアをたたいたのである。

ロバート・モンロー

モンロー研究所はロバート・モンローにより１９７０年代に設立された人間意識の研究機関である。ロバート・モンローは元々ラジオ番組制作会社の経営に携わるビジネスマンだった。50年代に彼は睡眠学習に興味を持ち、自らを被験者として、その研究に携わるようになる。音響技術に精通していたモンローは音を用いて何かできないかと試行錯誤するうちに、体外離脱を体験してしまう。それも一度や二度でなく頻繁にである。

当時そういう現象は一般的には知られていなかったため、モンローは自らその現象を調べざるをえなくなる。その研究がついにはヘミシンクという音響技術の開発として結実する。

ヘミシンクは当初モンローの体験を再現するための技術として研究されたが、次第に**人間意**

識の探究という、より広い領域を担う技術として研究されるようになる。

その結果、今ではヘミシンクを用いることで、体外離脱だけでなく、さまざまなことが体験できるようになった。

たとえば、**知覚が肉体の五感を超えて広がった状態の体験、時間を超えて過去世を知る体験、ガイドと呼ばれる高次の意識存在との交信、死後世界の体験、宇宙内の探訪、さまざまな生命体との交信**などである。

ヘミシンク

それではヘミシンクとはどういう技術だろうか。

簡単に言えば、右の耳と左の耳に周波数の若干異なる音をステレオヘッドフォンを用いて聴かせる。するとその周波数の差に相当する信号が脳内の脳幹と呼ばれる部位で生じ、それが左右両方の脳に伝わっていく。そのため左右の脳が同期して活動するようになる。

また、周波数の差を適当に選ぶことでさまざまな意識状態を誘発できる。たとえば、集中した状態、深いリラクゼーションや瞑想、さらに睡眠状態である。実際のヘミシンクは20種類以上の周波数ペアの組み合わせになっている。

フォーカス・レベル

ヘミシンクを聴くと人の意識は変性意識と呼ばれる状態へ導かれる。これは瞑想時に体験される意識状態全般を指す言葉である。ただ、瞑想で体験される意識状態には、実際のところさまざまな状態があり、人により、あるいはそのときの条件により大きく異なる。

そのため一口に変性意識と言っても千差万別で、互いの体験を比較するのに難しさがある。そこでモンローはフォーカス・レベルという番号を導入し、いろいろな意識状態を区別できるようにした。大雑把《おおざっぱ》に言えば番号が大きいほど、意識がこの物質的な世界から離れた状態にいる。番号は飛び飛びの値をとる。たとえば、10、12、15、21などである。値自体にはそれほど意味はない。

それぞれのフォーカス・レベルの意識状態を体験できるように、特別なヘミシンク音が開発されていて、それを聴いた人はその状態を体験できるようになっている。

以下、それぞれのフォーカス・レベルについて説明する。

フォーカス10とは、意識が明らかだが、肉体が眠った状態。空間的、肉体的な束縛から少しだけ自由になる。自分が肉体から少しだけずれていることを体験する場合もある。

フォーカス12とは、意識・知覚が広がった状態。空間的な束縛からは完全に自由になり、物質的・空間的な知覚である通常の五感を超える知覚が働くようになる。つまり俗に言う第六感が働くようになる。またガイドとの交信がしやすい状態である。

ここで、ガイドとは我々が人間学校での学びをスムーズに行なって卒業できるように手助けする存在のことである。各自に複数のガイドがついている。

フォーカス15は時間的な束縛から自由になった状態。時間を超えて過去、未来へ行くことが可能となる。自分の過去世を知ることができる。

フォーカス21はこの物質的な時空世界の縁《ふち》。あの世との境界。向こうの世界への架け橋である。日本人的には三途《さんず》の川のあるところで、こちら側と向こう側の両方の岸辺を含む領域とでも言おうか。

ヘミシンク体験プログラム

モンロー研究所では、ヘミシンクを用いてさまざまな変性意識状態を体験するための滞在型プログラムが行なわれている。その中で全員最初に受けなければならないのはゲートウェイ・ヴォエッジである。

以下、プログラムのいくつかを『死後体験』、『死後体験Ⅱ』、『死後体験Ⅲ』に出てくるエピソードをまじえながら紹介したい。

【ゲートウェイ・ヴォエッジ】

２００1年4月に意を決してモンロー研へ行くことにしたが、実際着いてみるまでは何かオカルト教団に行くような不安があった。が、その不安も着くや否や一瞬で吹き飛び、それ以降6年間に20回以上訪問することになる。その最初の衝撃的な体験をしたのが、ゲートウェイ・ヴォエッジである。体験のいくつかを紹介する。

フォーカス12という状態で参加者の女性のひとりが部屋に体脱してやってきたのを、彼女の香水の匂いで感じた。同じ女性が明け方夢の中に出てきて、私の指を引っぱったが、彼女は実は参加者全員の部屋へ行き同じことをしていた。

フォーカス15で過去世の一端を見た。そこで私はポリネシア人の子供だった。

夜、ガイドと初めて会話をした。

ガイドから5つのメッセージをもらうというセッションで、海岸にあるアーチ状の岩のイメージが最重要メッセージだった。これについてはそのときには意味がわからなかったが、次に受けたライフラインで意味が明らかになった。

【ライフライン】

ゲートウェイ・ヴォエッジでの体験が強烈であったため、いても立ってもいられなくなり、２ヵ月後の２００1年6月にライフラインに参加した。これは私がそもそもモンロー研へ行った目的である死後世界を体験することを可能とするプログラムである。

フォーカス23から27が、死者のとる意識状態に相当する。別の言い方をすれば、フォーカス23から27が、死者が住んでいる世界、領域。つまり死後世界である。

フォーカス23の意識状態をとっている死者は大きく2つのグループに分かれる。あるいは、フォーカス23は2つの領域に分けられる。

ひとつは幽霊状態であり、もうひとつは孤地獄である。

前者は、物質世界のすぐそばの領域にいつまでもい続ける状態である。

後者は、自分の思いの生み出す世界に独《ひと》りい続ける状態である。

いずれも、自分が死んだことに気付いている場合と、そうでない場合とがあり、ほとんどは意識が朦朧《もうろう》としていて、同じことを繰り返していたり、ひとつの思いや考えの中に没頭している。

フォーカス24から26までは信念体系領域と呼ばれ、何らかの同じ信念を持つ人たちが集まり、その共通の信念がひとつの世界を生み出している。ひとつの例は、同じ宗教の同じ宗派の人たちが集まって、その理想とする世界（天国や極楽）を生み出し、その中に住んでいる。あるいは、戦いに明け暮れる武者たちが集まっている世界。

フォーカス27は、輪廻の中継点と呼ばれる領域である。ここまで来て人は初めて次の生へ移ることができる。ここにはそのためのさまざまな「場」がある。たとえば、「受け入れの場」、「癒しと再生の場」、「学習の場」などである。フォーカス27には「向こうのモンロー研」があり、そこには地上のモンロー研にある結晶（巨大な水晶）と同じものが置いてある。

救出活動

ライフラインでは死後世界のそれぞれの領域を体験した後、救出活動を行なう。救出活動とは、フォーカス23から26までにいる死者をフォーカス27まで移すお手伝いをすることをいう。これらの領域にいる死者は、我々生きている人間を知覚しやすい。そのため我々とガイドなどがチームになって救出を行なう。

私はライフラインに参加したときに、まずシュナイダーというオランダ人の海賊を救出した。彼は死んだ後、幽霊船を走らせては、海上を行く人たちを怖がらせていたそうだ。いわゆる「さまよえるオランダ船（The Flying Dutchman）」のひとりである。ついで、ゲートウェイ・ヴォエッジのときにメッセージとして得ていたアーチ状の岩は、実はその下で岩の下敷きになって自分が死んだ場所だったことがわかった。それは過去世でポリネシア人だったときのことだ。さらに、そのときの自分は死後、この岩の下でフォーカス23に閉じ込められていることもわかった。苦労の末にこのときの自分も救出することに成功した。

ライフラインの一連の体験を通して、人間死んだらどうなるのか、に対する答えを得た。また死後世界の実在をかなり確信した。

[エクプロレーション27（X27）]

このプログラムはフォーカス27をくまなく探索するためのものである。そこにあるさまざまな場（センター）を訪れ、その機能について学ぶ。2001年10月と2002年4月に参加した。個人的にはセッション中の体験もさることながら、夜ガイドが情報を与えてくれたことが大きかった。たとえば、16世紀後半のイギリスの南西端における過去世で、今の家内の過去世である女性と恋中だったこととかである。

この一連の体験を通して、死後世界のフォーカス27にある各種センターの存在に対する確信が深まった。また、ガイドとの度重なる会話を持つことや、新たな過去世を体験することで、ガイドや過去世の存在に対する疑念が薄らいだ。さらに、フォーカス27にいる知的生命体との交信がだいぶできるようになった。

[ハートライン]

このプログラムは愛情を感じたり、愛情を表現したりするのをよりスムーズに、より豊かにできるようにするためのものである。そのために、心の内にある障壁を取り除き、ハートでのエネルギーの流れを良くすることを目的とする。2002年10月に参加した。

個人的には、このプログラムで自分のトータルセルフとつながる体験が持てたことが大きかった。自分のガイドたちと出会い、ガイドたちが常に自分を見守ってくれていたことがわかる体験をした。

【スターラインズ】

このプログラムについては章をかえて詳しく説明する。2003年10月と2004年3月に参加した。最初に参加したときの体験については『死後体験Ⅱ』に、2度目の体験を『死後体験Ⅲ』に書いた。このプログラムで、自分自身が自分が考えているよりもはるかに大きな存在であること、他の無数の天体に生命系があり、そういう中に自分の分身にあたるような生命存在が多数いることがわかった。また、天体自体が生命体であって、命のエネルギー、喜びのエネルギーを周囲の空間へ放っているのである。

そして、この物質的な宇宙以外にも宇宙はいくらでもあることもわかった。

【タイムライン】

このプログラムでは、時間の束縛を超えた状態であるフォーカス15で、過去や未来に行く。特に自分のさまざまな過去世を体験し、自分についての知見を得る。過去世に起因するトラウマや性癖、才能について、その元となった過去世を理解する。また家族や知人との過去でのつながりについて知る。

タイムラインには２００４年９月に参加した。エーゲ海で修行僧だったときの自分を知り、それが今の自分を導いていることがわかった。この僧の属した集団は海岸の洞窟内で瞑想して暮らしていた。洞窟内に反響する波の音がヘミシンクと同様の効果を生み出す。瞑想により宇宙の真理を得、覚醒に至る道を探究していた。

このプログラムではまた、２０２０年の世界へ行き、その様子を見てきた。そこで見たのは、進化する者と進化を拒む者に、人類は二極化することである。

個人的には４度目の参加となる2006年３月に行なわれたスターラインズ。そのときの参加者たち。中央にあるのがモンロー研究所の巨大水晶

第1章　スターラインズとは

本書はその大半をモンロー研究所におけるスターラインズでの体験に当てるので、まずスターラインズについての復習から入りたい。

スターラインズにはこれまでに2回参加していた。2003年10月と2004年3月である。その体験については『死後体験Ⅱ』と『死後体験Ⅲ』に詳述した。

本書ではその後2年間に受けた3回のスターラインズについて報告する。2005年3月と、その1年後の2006年3月、2年後の2007年3月である。

スターラインズはモンロー研究所のトレーナーであるフランシーン・キングが開発したプログラムである。エクスプロレーション27ではフォーカス34・35までを体験するが、さらに高いフォーカス・レベルを体験するプログラムの登場が多くの人たちに嘱望《しょくぼう》されていた。フランシーンによれば、そういった声だけでなく、種々のガイドたちからの要請もあって、このプログラムを開発することになったという。

このプログラムの目的を要約するとこうなる。

1　フォーカス34・35、フォーカス42、フォーカス49、さらにその上のフォーカス・レベルの探究。

2　それぞれのレベルに存在するより大きな自分の集団、つまりI・T（向こうの自分）、I・Tクラスター、I・Tスーパークラスターについての知見を得る。

3　それは別の言い方をすれば、太陽系内や、銀河系内、銀河系外の生命系を探索し、そこにいる自分の集団のメンバーについて知ることでもある。

4　さらに惑星、恒星、銀河、銀河団という天体自体と交信する。

5　地球コアと銀河系コア間のエネルギー的なを結びつきを強める。

I・T（向こうの自分）

ここでI・Tとはモンローの言葉で、I/There（向こうの自分）の省略である。彼の定義に従うと、すべての過去世の自分と現世の自分の集合を指す。

自分はこれまでに何百回、何千回となく輪廻してきている。そういうすべての過去世の自分と現世の自分の集団である。ここで注意すべきは、現世の自分は実はこの自分だけに留まらないという点だ。自分が複数いる可能性がある。モンローの場合、ロシア人女性としての自分がいると述べている（『究極の旅』P190）。

I・Tとはこういったあらゆる自分の集団である。フォーカス35に存在すると考えられる。あるいは、そこまで行けば、I・Tの全メンバーにアクセスできる。

それに対して、I・Tクラスターはさらに大きな自分の集団である。自分のI・Tと結びつくI・Tがいくつもあり、それらがひとつの集団を作っている。それをI・Tクラスターと呼ぶ。自分のI・Tに強く関連したいくつものI・Tの集合である。フォーカス42に存在する。別の言い方をすれば、フォーカス42まで来ると、I・Tクラスターに所属するさまざまな生命体の意識につながり、それを体験することができる。それはある意味自分の分身たちである。彼らは人間的な生物だけとは限らない。動物や植物、あるいは、地球上では見たこともないような生物もいる。あるいは、そういった物質的な形を持たない、非物質の生命体も含まれる。

その上のI・Tスーパークラスターはさらに大きな自分の集団である。自分の属するI・Tクラスターに結びつくI・Tクラスターがいくつもあり、それらはひとつの集団を作っている。それをI・Tスーパークラスターと呼ぶ。自分のI・Tクラスターに強く関連したいくつものI・Tクラスターの集合である。フォーカス49に存在する。

別の言い方をすれば、フォーカス49まで来ると、I・Tスーパークラスターに所属するさまざまな生命体の意識につながり、それを体験することができる。こういう自分に関連する生命体は宇宙のさまざま領域にいるが、I・T、I・Tクラスター、I・Tスーパークラスターとより大きな集団になるにつれ、そのメンバーはより広範な領域にいる。

具体的に言うと、I・Tのメンバーは地球生命系に、I・Tクラスターは銀河系内の太陽系近傍のシリウス、プレアデス、オリオンなどを含む領域に（つまり太陽系から１５００光年ほどの範囲内）、I・Tスーパークラスターは銀河系とその周辺のアンドロメダ銀河を含む局所銀河群内の領域にいる。

I・Tと会社組織

少し比喩を使って説明したほうがわかりやすいかもしれない。

あなたはA社に勤めているとしよう。その千葉支店に所属する。千葉支店には30名の社員がいるが、彼らは普段、千葉県内のそれぞれの担当の都市にいて、そこで活動している。あなたは彼らには千葉市にある千葉支店ビルでのみ会うことができる。また、千葉支店に来ないと、それぞれに電話連絡をとることができない。

千葉支店の社員の集団はI・Tに相当する。千葉支店ビルはフォーカス35に相当し、そこへ来るとそのメンバーに会ったり、アクセスできたりする。

この会社には各県に同様の組織がある。関東の１都６県で関東営業本部を形成する。関東営業本部には合計３００名の社員が所属する。あなたは東京にある関東営業本部ビルへ来て、初めて、関東1都6県内にいる社員全員に会うことができる。あるいは、彼らと連絡を取ることができる。関東営業本部に所属する社員の集団はI・Tクラスターに相当する。東京にある関東営業本部のビルがフォーカス42に相当し、そこへ来るとそのメンバーに会ったり、アクセスできたりする。

北海道、東北、中部、関西、中国、四国、九州、沖縄にそれぞれ同様の営業本部があり、全体でA社の日本支社を構成している。日本支社の社員全体の集団がI・Tスーパークラスターに相当する。名古屋にある日本支社ビルがフォーカス49に相当し、ここに来ると日本支社の社員全員に会ったり、アクセスしたりできる。

この比喩でI・Tに相当する千葉支店の社員は千葉県内にいる。同様にI・Tのメンバーは地球生命系内にいる。I・Tクラスターに相当する関東営業本部の社員は、より広い領域である関東1都6県内にいる。同様にI・Tクラスターのメンバーはより広い領域である銀河系内の太陽系近傍の領域にいる。I・Tスーパークラスターに相当する日本支社の社員はより広い領域である日本国内にいる。同様にI・Tスーパークラスターのメンバーはより広い領域である銀河系を含む局所銀河群内にいる。

より高いフォーカス・レベルへ行くと、より広い範囲にいる自分の分身たちの意識へアクセスできるようになるのである。

プログラムの具体的内容

それでは具体的にどういうセッションを行なうのか、順に説明する。

[フォーカス34・35までの復習]

まず初めのいくつかのセッションではフォーカス10から27までを復習する。フォーカス27では向こうのモンロー研へ行き、そこにある結晶へ行く。この結晶はスターラインズでは重要な役割を演じる。

次いでEC・F27（地球の核の結晶フォーカス27）の復習である。地球の核の結晶とは、地球の中心核（コア）にあると言われる鉄の巨大結晶である。まだ科学的にその存在が証明されたわけではない。ここには地球生命系を維持運営する知的存在がいる。

次にフォーカス34・35の復習をする。フォーカス34・35には異星人が多数来ていて、地球生命系でこれから起こる大きな変化（アース・チェンジズ）を観察している。モンローはこの異星人が集まっていることをギャザリング（大集合）と呼んだ。これから地球生命系で起こる変化は大変珍しい現象ということで、彼らの注目を集めているのである。

[太陽系内の探索]

フォーカス35まで来ると地球生命系を離れ、太陽系内の諸惑星を探索できる。この際に搭乗するのがヴォイジャー8号（Ｖ８）と呼ばれる宇宙船である。これは宇宙船とはいうものの、物質的な存在というよりは、エネルギー的存在である。つまり、非物質の存在である。この動力室には結晶が天井から下がっていて、それに意思のエネルギーを送り込むことで推力を得る。

【フォーカス42で太陽系近傍の星系の探索】

次いでＶ８に乗ってフォーカス42へと移動する。フォーカス42で「宇宙ステーション・アルファ・スクエアード（ＳＳＡ２）」にドッキングする。

ここまで来ると太陽系の外へ出ることができる。太陽近傍の恒星であるケンタウルス座アルファ、シリウス、うしかい座アークチュルス、プレアデス星団、オリオン座の星々を探索する。そして、この領域にいる大きな自分Ｉ・Ｔクラスターのメンバーたちを知る。

これらの星は地球から１５００光年ほどの距離の範囲内にある。太陽近傍は星間物質の少ない領域が広がっていて、そこはローカルバブルと呼ばれる。

宇宙ステーション・アルファ・スクエアードにはメモリー・ルーム（記憶の間《ま》）と呼ばれる部屋があり、ここで自分の過去世などについての情報を得ることができる。また、クラスター・カウンシルと呼ばれるＩ・Ｔクラスターの代表格の存在たちから、助言を得ることもできる。

【フォーカス49で銀河系コアと銀河系外探索】

次いで宇宙ステーション・アルファ・スクエアードをアルファXにバージョンアップして、フォーカス49へ行く。このレベルでは銀河系の中心核（コア）を観察する。また銀河系外へ出て、近傍のアンドロメダ銀河などを探索する。銀河系やアンドロメダ銀河など数十の銀河は局所銀河群（ローカルグループ）を構成している。このレベルでは、これらの領域（地球から数百万光年の範囲内）にいる自分のＩ・Ｔスーパークラスターのメンバーを知ることができる。

【銀河系コアを超えてさらに高いレベルへ】

銀河系のコアはスターゲートと呼ばれ、ここを通るといくつものフォーカス・レベルを一気に超えていくことができる。究極的には創造の源と呼ばれる創造的なエネルギーの源に行きつく。どこまで行かれるかはクラスター・カウンシルに一存する。

フォーカス・レベルと宇宙探索

ここまで、地球からより遠くへ離れていくには、より高いフォーカス・レベルに行かなければならないというふうに書いてきた。たとえば、地球から出て太陽系内を探索するにはフォーカス35、太陽系から出て太陽系近傍を探索するにはフォーカス42、銀河系を出るにはフォーカス49という具合にである。ところが、こういう言い方は正しくないかもしれないということが、スターラインズに合計5回参加することでわかってきた。

地球から離れて単に空間的に移動するだけならフォーカス12で可能なのである。わざわざこういうレベルまで行くのは、そのレベルまで行かないと、その領域にいる自分のI・TやI・Tクラスター、スーパークラスターのメンバーに会えないからなのだ。I・Tがフォーカス35にあり、I・Tクラスターがフォーカス42に、I・Tスーパークラスターがフォーカス49にそれぞれあるのである。

だから、フォーカス12でたとえばシリウスまで行っても、そこにいる自分のメンバーに接触できる可能性は少ない。フォーカス42経由で行くからこそ、それができるのである。

2012年をピークとして起こる一大変化

このプログラムの開発が今のタイミングで行なわれたのは偶然ではない。これは2012

年に向けて地球生命系に起こる一大変化の準備の一環として、あるいは、その一大変化を起こすひとつの要因として準備されてきたのである。

２０１２年をピークとして地球生命系に銀河系の核から大量の生命エネルギーが注入される。このプロセスはもうすでに始まっている。

生命エネルギーとは、非物質のエネルギーであり、その成分として命の元、無条件の愛、知性、創造性、好奇心、機知などを含む。ＤＮＡ情報なども含まれているかもしれない。世に言われているような物質的なフォトン（光量子）では決してない。

２０１２年の件についてはおいおいお話していきたい。

第1回スターラインズは２００３年10月に開かれた。このときの様子や私の体験については『死後体験Ⅱ』に書いた。２回目の体験については『死後体験Ⅲ』に詳述している。

その後モンロー研では年２回のペースでスターラインズが開催されている。２００５年以降個人的にさらに3回スターラインズに参加した。本書ではその3回の体験について紹介する。

第2章　3回目のスターラインズ参加

２００５年3月12日から18日に受けたスターラインズについて以下に紹介する。ここでは冗長《じょうちょう》になるのを避けるため、めぼしい体験のみを書いていきたい。また生命体との交信で得た情報は、できるだけそのままの形でお伝えすることを心がけた。かなり削った形の文体になるので、わかりづらいかもしれない。解説をセッション体験の後に載せることで、理解を助けたいと思う。『死後体験Ⅱ、Ⅲ』を読まれてからかなりの時間が経ち、プログラム内容の詳細が思い出せない読者も多いと思われるので、ところどころ必要と思われる事柄について説明を加えていくことにする。

ブルース・モーエンとの出会い

今回のトレーナーはいつものフランシーン・キングと、もうひとりはリー・ストーン。リーはタイムライン・プログラムを開発した人だ。

今回の参加者の中にブルース・モーエンがいた。『死後探索シリーズ』（ハート出版。四部作の第一部、二部、三部は坂本監訳で既刊）の著者で、拙著でも何度も彼については書いてきた。私が彼の本から受けた恩恵には計り知れないものがあり、私は彼を尊敬してやまない。

私は彼の本から多くを学んだが、同時にわからないこと、聞いてみたいことが山ほどあった。前々からいずれ会いたいと思っていたのだ。まさかこんなに早くその機会が訪れるとは思いもしなかった。私は、今回、スターラインズでいっしょになる機会を作ってくれたガイドたちに感謝したい。

彼がひとりでいるところを見計らって、自己紹介し、さっそく話を聞くことにした。フォックス・デンと呼ばれる皆がくつろぐための部屋の一角にあるソファに、彼は190センチを超える長身を深々と沈めていた。以前フランシーンに聞いた話では、一時病気を患い、今リハビリ中とのことだった。確かに、体の動きがゆっくりで不自由さが残っているようだ。が、話すことにはまったく問題はなかった。体の具合について尋ねた後で、早々に質問することにする。何から聞いていいのか、ともかく思いつくままに聞くことにする。

「ブルースは4冊目の中で意識の歴史について書いていますよね。その中で、高次の意識存在のあまりに強い愛情に満たされたため、答えがうまく把握できなかったと書いていますが、得た情報は正確なのですか？」

この質問については、少し説明を要するだろう。ブルースの4冊目に意識の歴史について書かれている箇所がある。この情報をブルースはある高次の意識存在から受け取った。この

スターラインズを開発したフランシーン。

意識存在は我々をはるかに凌駕《りょうが》する存在で、その意識の中にこの物質的宇宙内で起こることすべてを把握している。さらに別の宇宙や非物質の宇宙をも意識内で把握している。

そういう存在と交信した際に、あまりにも強い愛情に包まれたために意識が朦朧としてしまったと書いている。それについて質問したのだ。ブルースは白髪の混じったちょっと薄くなった頭に手をやりながら、穏やかな表情でゆっくりと答えてくれた。

「完全な許容のFeeling（感じ、感覚）に満たされた。その中に質問に対する答えが入っていることに気が付いた。ところが、答えを言葉にしようとすると、その行為が意識を別の状態へ持っていくために、答えを忘れてしまうんだ。何かを質問したことは覚えている。それを何回もやった。そのうちにだんだんとうまく把握できるようになった。得た答えは正確だ」

「このコンタクトによって永遠に変ったと書いてありましたが、どう変わったのですか？」

ブルースは下を見てちょっと考えこんだ。しばらくして、こちらをしっかりと見つめ話しだした。緑がかった灰色の目だ。

「今までは他の人の意見を、あれはどうのこうのと受け付けないことが多かったが、今では自分の中にその人と同じ面が見える。その人も自分の他のアスペクト（側面）であることがわかる。自分のことが受け入れられるのと同じように、他の人も受け入れられるようになった」

この後、彼の主催しているワークショップについての話になった。2日コースと5日コースがあり、救出活動を行なう。それによって死後世界の実在を、体験を通して知るようにしているとのことだった。ヘミシンクは使わないとのことだ。

地球と銀河系コアを結ぶ

夕食後、いつものように参加者の自己紹介の後、このプログラムについての紹介があった。この中でフランシーンが面白いことを言った。

スターラインズが始まってこれで6回目になるが、この間、多くの参加者がフォーカス35よりも上のフォーカス・レベルへ行ったために、上のレベルへ行くことが、プログラムを追うごとに容易になってきていると言うのだ。

ソファでくつろぐブルース・モーエン。気さくに質問に答えてくれた。

確かに私自身、2回目のスターラインズのときのほうが、フォーカス42、49へ楽に行けるようになったという感触はあった。ただ、これは自分が慣れた結果だと思っていた。多くの人が行くことで、本当に道が拓《ひら》かれてきているのだろうか。ちょうど深雪の中を進むとき、最初に行く人は大変だが、多くの人が同じところを歩むうちに次第に道が切り拓かれ、道幅が広がり、雪道が踏み固められていくようにである。

フランシーンはもうひとつの変化について話した。それは、大勢の参加者が銀河系コア（中心核）まで行き、地球のコア（中心核）と銀河系コアを結んだため、銀河系コアから地球コアへのエネルギーの流れ込みが増大したというのだ。

スターラインズ・プログラムの最終日に地球のコアへ行った後で、銀河系コアへ行き、2つのコアの間を結びつけるというセッションがある。それについては『死後体験Ⅱ』（P186）と『死後体験Ⅲ』（P86）に書いた。

多くの参加者が2つのコア間を往復したため、先ほどの雪道の例と同じで、そこに道が拓かれ、さらに踏み固められてきたのだろうか。その道を通って銀河系コアから地球コアへエネルギーが流入するのだという。ここでエネルギーとは生命エネルギーのことである。

銀河系コアからのエネルギーの流れ込みが増大したということは、2012年のアース・チェンジズ（地球の大変化）と関連しているのだろうか。2012年に地球生命系へ膨大な量の生命エネルギーが降り注ぐということを前に書いた（『死後体験』）。それが地球生命系に大きな変化をもたらすのだ。人類は進化するものと、進化を拒否するものとに分かれるとフォーカス49で会ったクラスター・カウンシルに言われている（『死後体験Ⅲ』P85）。生命エネルギーの流入が意識の進化を加速するのだ。

多数のスターラインズの参加者が銀河系コアへ行くことで、銀河系コアから生命エネルギーが地球へ流れ込みやすくなってきているということは、2012年を前にして偶然に起こっているのではないと思う。

銀河系コアからの大量のエネルギーの流れ込みを可能にするステップの一環として、高いレベルの意識存在たちによってスターラインズ・プログラムが計画され、地球上でフランシーンにより実行されているのではないだろうか。プログラムが開発された経緯については『死後体験Ⅱ』（P94）に書いたが、フランシーンは多くの知的生命存在たちの指導の下に開発しているのだ。ということはスターラインズの参加者たちが地球コアと銀河系コアとを結ぶことには、参加者一人ひとりが思っている以上に重要な意味があるということになる。皆はおそらく個人的な興味からこのプログラムに参加してきているのだろうが、こういった重大な任務を担っていたとは驚きだ。

ブルースとの会話

翌3月13日（日）、朝、廊下を歩いていると、ブルースが声をかけてきた。

「夜寝るときに考えたんだけど、あの高次の知的存在からFeeling（感じ、感覚）が情報とともに流れ込んできたときのことだが、あれはあの高次の知的存在の声というのが一番ぴったりだと思うよ」

さらにブルースの言ったことを総合すると、どうも歌のような感じで情報が伝達されてきたらしい。そう言えば、高次元からの情報は言葉ではなく、むしろ歌に近い形で入ってくるという人がいる。たとえば、『死後体験』（P72）に紹介したマーギーという女性は、ガイドからのメッセージを歌で表現してみせた。

ここで前から聞きたかった質問をしてみることにする。

「今でも無条件の愛を感じますか？」

あの存在によって無条件の愛で満たされたと書いてあったので、こう聞いたのだ。

「あのときの強さではないけどね」

「今でもつながりを感じるのですか？」

「普段はさまざまなことで妨げられるが、心を静めればつながりを感じることができるよ」

そうか。それはかなりすごいことだ。単なる一過性の体験ではなかったってことだ。それじゃ、これを聞かずにいられない。

「悟りですか？」

ブルースはちょっと考えてから、微笑みながら答えた。

「あのレベルまで行って、またこのレベルまで戻ってきたんだ」

え？　どういうことなのだろうか。もしかしたら、悟りというものが何であるか明確に定義されないかぎり、この質問は意味をなさないということか。明確なのは、あそこまで行き、帰ったという事実、ということか。時間がないので次の質問に移ろう。

「臨死体験者のなかには超能力を得た人がいますが、あなたはどうでしたか？」

ブルースはゆっくりとした口調で話しだした。

「あの体験からというのではなく、もっと前から徐々に超能力が身についてきた。信念が崩れるにつれて付いてくるものなんだ」

確かにそうだ。我々は物質界で身についたさまざまな固定観念があるために、超能力を疑う心がある。疑いが超能力を不可能にする。固定観念、信念が少しずつ崩れていけば、崩れた固定観念に関係した超能力は可能になってゆくのだ。

たとえば、スプーン曲げ。物質を意識の力で曲げることなどできないという固定観念が、それを不可能なものにする。ところが、こういうことが可能だと知り、できないという固定観念が崩れれば、スプーンを曲げられるようになる。

「崩れるに従って無条件の愛が多く受け入れられるようになったと書いてありましたが、あの体験ですべてのバリアが崩れたのですか？」

「まだ個体間の壁があるがね」

さて、ヘミシンクを聴くセッションに話を戻そう。

ヴォイジャー8号

今日の3回目と4回目のセッションではフォーカス34・35とフォーカス33を体験した。まずこれらのフォーカス・レベルについておさらいしたい。

フォーカス34・35は、地球生命系の影響から脱出することが可能になるレベルである。太陽系内を探索することができるようになる。

ここはまた自分のトータルセルフが存在するレベルでもある。トータルセルフとは、モンローがI・T（I/There向こうの自分）と呼んだものであり、すべての過去世と現世の自分の集合である。私の場合には、それは巨大なスタジアムとか劇場（半円形をしている）、パラボラアンテナというように、すり鉢状に見えることが多い。

また、地球生命系でこれから起こる一大イベントを観察しに宇宙中から生命存在たちがこのレベルに集まってきている。これをモンローはギャザリング（大集合）と呼んだ。

フォーカス33はローリー・モンロー（ロバート・モンローの娘）が特に好きだったレベルで、創造とヒーリングに適したレベルであると言われている。

その次のセッション、つまり、初日から数えて6番目のセッションは、フォーカス34・35でヴォイジャー8号（V8）に搭乗するというものだ。

まずこの宇宙船について若干おさらいする。V8は我々プログラム参加者が自由に使用できる宇宙船で、フォーカス34・35にある。非物質のエネルギーからできている。誰が何の目的で作ったのか、はっきりしたことはわかっていない。推測するにモンローやモンロー研関係者の高次の意識存在たちが作ったと思われる。船体の側面にはモンロー研のロゴがあるということを報告する人もいるので、この推測は正しい可能性が高い。V8には多くの高次の生命存在たちが乗っていて、我々を喜んで手助けしてくれる。

船体の前方部（あるいは後方部か）が半楕円形になっていて、壁一面にいくつも窓が並び、外を眺めることができる。この部屋の中央には楕円形のテーブルがあり、そのまわりにイスが配置されている。テーブルの真上には、V8の動力源となる結晶が天井からぶら下がっている。この部屋を動力室（ジェネレータ・ルーム）と呼ぶ。私の印象では、船内には金色に輝いている部分が多い。

イスを窓のほうへ向けると、そこから船外探査用のPOD（ポッド）と呼ばれる球形の小型船へ乗り込むことができる。ポッドは参加者それぞれに一台ずつ用意されている。

また船内には参加者一人ひとりのための個室（パーソナル・ルーム）も完備されている。

再びブルースとの会話

翌3月14日（月）、朝食時にブルースと会話した。聞きたいことが山ほどあるので、できるだけ同じテーブルで食事をとることにしている。

まず、人間から卒業することについて聞く。

「卒業するとどうなるのかわかりますか？」

「人間を卒業した者（卒業生）はすべての行為が無条件の愛の心からの行為になる」

ブルースはまだ卒業してないという。

次にエゴ（自我）について聞く。

「卒業しても個体性は残る。エゴをどう定義するかによるが」

「卒業生はフォーカス35にいると私は思うが、どう思いますか？」

「フォーカス27を超えたどこかだと思う」

「I・Tは35にあると思いますが、どう思いますか？」

「どこかその辺だ。ただ、私の場合は、ここがフォーカスいくつという具合に、今いるフォーカス・レベルを言うことができないので、はっきりしたことは言えない」

私もできないと言うと、「Welcome to the Club」と言われた。これは英語でよく言う冗談だが、「同じわからない者のクラブへようこそ」みたいな意味だ。

ついで私の心にある過去世のトラウマについてどうしたら解放できるか彼の考えを聞いてみた。２つの方法があると言う。
１　それについて詳細を知る。
２　自分の過去の行ないを自分で許していない。愛情に値しないと思っている。愛を感じた体験を思い出し、その中で、そのときの自分を許し、受け入れる。

太陽系内の探索

次の７番目のセッションでは、Ｖ８に乗って太陽系内を探索する。音声ガイダンスに従って、まず太陽を観察し、ついで水星から順に木星までの各惑星を探索する。各惑星と自分とのつながりや、同じ起源であることを知るというのも目的のひとつである。

その次の８番目のセッションでは、太陽系内の残りの惑星（土星、天王星、海王星、冥王星（註・この時点では冥王星は惑星とみなされていた））を探索する。

再びＶ８へ行く。今回は前よりはよく見える。向こう側の窓の下、イスが並んでいる。その手間にテーブルが見える。壁が茶色をしていて、木でできているように見える。まずは土星を観察。衛星を引き連れた土星がはっきり見える。なぜか衛星の軌道の線が見える。この姿を見て瞬時に悟った。

「土星は太陽の子供であるが、この衛星たちの親でもある。すべての存在は人間も含めて、あるものの子であると同時に、何か別のものの親でもある。同じパターンの繰り返しだ」

そうなのだ、この同じパターンが宇宙中にある。

太陽系外へ

夕食後のミーティング、ここからのセッションではいよいよ太陽系の外へ出る。前に書いたようにフォーカス12でも太陽系外へは出られるが、フォーカス42へ行くことでその視点から観察する。自分のＩＴクラスターのメンバーを探索する。

ここでフランシーンは太陽系近傍にあるいくつかの恒星について説明した。その中のひとつに、うしかい座のアークチュルスがある。フランシーンによれば、アークチュルス星には生命体が住んでいるとのこと。「アークチュルス星人は5次元の生命体であって、我々のような3次元物質界の生命体とは異なるが、物質化することもある」という。

このフランシーンの説明は誤解を与える可能性があるので少し解説する。

「次元」という言葉を精神世界の人たちはよく使うが、物理学で使う「次元」と混同されているので注意したい。これについては『死後体験Ⅱ』（Ｐ52）に書いた。両者はまったく無関係の言葉である。

この物質世界が物理学的に3次元であるのと、精神世界の表現で人類が3番目の次元にいることとはまったく関係ないことである。現に動物は2番目の次元にいるからと言って、2次元世界、つまり平面に住んでいるのではない。植物が1番目の次元にいるからと言って、1次元つまり線上に住んでいるわけではない。

アークチュルス星人が5次元の生命体だと言うのは、意識のレベルで5番目の次元にいる生命体だということを意味している。何も物理学的に5次元の世界にいるのではない。

本書では誤解を避けるため、意識のレベルを指す場合に、「次元」という言葉と「オクターブ」という言葉を併用したい。

ミラノンの意識の階梯

この関連で、意識の発展段階についてここで復習しておきたい。

モンローはミラノンという名前の生命存在と親しくなり、いくつもの重要な事柄を学んだ。そのひとつに意識の階梯《かいてい》というものがある。これは意識が徐々に発展していく段階を表した番号である。

1から7は植物、8から14は動物、15から21は人間、22から28は死んだ人間の意識レベルである。このように7つでひとつの階層を作る。これは精神世界で「次元」と呼ばれるものに相当する。ここで西洋音階も7音階ずつで一塊《ひとかたまり》になっていて、1オクターブと呼ばれる。この類似性から、本書では「次元」の代わりに「オクターブ」という言葉を使う。

7の倍数に当たるレベルはそれぞれの階層、オクターブの最上位に当たり、その階層のすべてを統合したレベルと言える。形で表せば、円とか球になる。色では白である。

つまり7の倍数のレベルは重要な意味を持つ。35（5番目の次元、オクターブの最上位）は人間を卒業するレベルである。I・Tが存在する。さらに42（6番目の次元の最上位）にはI・Tクラスター、49（7番目の次元の最上位）にはI・Tスーパークラスターがある。さらにその上へと続く。

I・Tクラスター

ここでI・Tクラスターについて復習しておこう。フォーカス42まで来るとI・Tの集合体であるI・Tクラスターにアクセスできる。I・Tがさまざまな自分の集合であるように、I・Tクラスターは自分のI・Tと関連するI・Tの集合である。フォーカス42まで来れば、このメンバーたちの意識の中へ入っていき、自分のことのようにそれを体験できる。

I・Tがフォーカス35にあり、地球生命系内の自分の集団（すべての過去世と現世の自分）であるのと同様に、I・Tクラスターはフォーカス42にあり、太陽系を超えた銀河系内の太陽系近傍の領域にいる大きな意味でのさまざまな自分の集団と考えていい。つまり他の星系にいる自分の分身たちの集団である。私の場合、I・Tクラスターは絡み合ったスパゲッティや蕎麦《そば》の塊のように見えることがある。蕎麦の一本一本が、メンバーの意識につながっているのだ。この体験については『死後体験Ⅱ』と『死後体験Ⅲ』に書いた。

ケンタウルス座アルファとシリウス

10番目のセッションはフォーカス42入門というタイトルのセッションで、太陽系から近いケンタウルス座アルファとシリウスを探索する。ケンタウルス座アルファは地球から4・4光年の距離にある。これは光の速度で行って4・4年かかるという意味である。太陽によく似た2つの星からなる二重星である。シリウスは全天で一番明るい恒星であり、その距離は8・6光年である。太陽よりもかなり高温の星である。

V8に搭乗し、フォーカス42へ向かう。

水色の背景に薄茶色の線状のものがいくつも上のほうに見えてきた。前に何度も見たことのあるI・Tクラスターだ。スパゲッティのように見える。今回は一本一本が短い。指示に従いケンタウルス座アルファへ向かう。知的生命体に会いたいと言いながら進む。

水色の背景が見えるが特に何も現れない。知的生命体と交信したいという思いを前

方へ放出する。すると、

「物質的な生命体を探しても、だめですよ。我々は非物質のエネルギー体ですから。特に何も形としては見えません」

「そうですか。でも、何か私に見えるような形を取れないですか」

「それはできませんが、強《し》いて姿をとればこうです」

水色の流れが見える。美しい。いくつかの薄い色が混ざっている。ところどころに泡がある。流れが渦になった。これって前にどこかで見たことがある。彼らが、目に見える形を取ると、エネルギーの流れ、渦という形なのか。

「地球で言うところのフォーカス27あたりにいて、物質界で思いを具現化することを学びながら進化してきました」

「人間との関係は」

「もっと物質的な存在を体験したい生命体たちが地球へ移りました。我々の惑星ではそれは不可能だからです」

「前回来たときに見たが、ここにも物質的な生命体の文化があったと思いますが」

『死後体験Ⅲ』のP42~43に書いたが、前回ここでビルの建ち並ぶ市街地を見ていた。このことについて聞いたのだ。

「あれは我々とは関係ない生命体で、後からやってきたのです」

あれはこの惑星ではなく別の惑星なのだろうか。そう思案していると、音声ガイダンスが聞こえてきた。シリウスへ移動すると言う。

しばらく移動する。

シリウス到着。さっそく知的生命体との交信を試みる。

青い海と水色の空が見える。ここには知的生命体はいないのだろうか。

すると、何かの生き物が見える。背びれがあり、両手があって人間のような頭がある。

よつんばいになっている。両生人?それが左方向へ移動していく。

左手から何かうなぎのようなひょろ長い生き物の大群がやってきた。上空?を大挙して移動していくのが見える。イカのように足のようなものがいくつにも分かれている。どうも知的生命体とは思えない。交信もない。

ついで、もっと大きな魚のような生き物が何匹か現れた。

ここで帰還の指示が聞こえてきた。

フォーカス42。先ほどのI・Tクラスターがまた見える。今度は色は同じだが、何ともいえないもつれた糸のような変な形だ。ともかく美しい規則的な形ではない。


学んだことをまとめておこう。

1　ケンタウルス座アルファのそばの惑星で遭遇した非物質の生命体は、フォーカス27あたりにいる。

2　彼らは物質界で思いを具現化することを学びながら進化。

3　彼らのうち物質的生命を体験したいものが地球へ移った。
4　彼らは非物質だから形はないが、強いて現せば流れや渦になる。
5　ケンタウルス座アルファには物質的な生命体の文化があるが、これは後からやってきた。
6　シリウスの近傍の惑星?には、魚やイカのような物質的な生命体がいそうだが、今回は知的生命体には遭遇しなかった。

アークチュルスとプレアデス星団

翌3月15日（火）、今日は朝から快晴だ。

11番目のセッションでは、アークチュルスとプレアデス星団を訪れる。

アークチュルスは、うしかい座のアルファ星で、全天で3番目に明るい星である。地球から37光年の距離にある。直径が太陽の24倍もある赤色巨星である。

プレアデス星団は和名をすばるといい、秋の夜空に7つほどの星の小さな集まりとして見える。実際は地球から400光年ほどの距離にあり、1億歳に満たない若く高温の星が120個ほど集まっている。太陽の年齢が46億歳であるのに比べてはるかに若い。

V8に着く。船体の枠がぶどう唐草文様《からくさもんよう》のような金色の線。金色の王冠状になる。

または籠《かご》。そのまま上昇。

フォーカス42へ。その籠が広がってそのまま籠状のネット構造になる。

アークチュルスへ。星のような銀色のものが見える。知的生命体との交信を求める。

うまく交信ができないな、と思っていると、

「あなたの意識が限定されているからだ。少し広げてあげよう。我々は地球で言えば5次元つまりフォーカス35のあたりにいる」

交信が本物か疑っている。

「あなた方と人類との関係は？」と聞いてみる。

「人類の発生、進化に貢献している。ここフォーカス27はつながっている」

もっと交信があったが思い出せない。「知覚を広げることが進化だ」と言われたことだけ覚えている。音声ガイダンスがこの場を離れてV８へ帰還するように言っている。最後にまだこの交信の真偽を疑っていると、同情、愛情の思いがこちらへ送られてきた。

次いでプレアデスへ向かう。同様に知的生命体との交信を求める。すぐに次のメッセージが来た。

「我々は個体間で、テレパシーで交信している。人間で言えばフォーカス42のように意識のクラスターとして融合している。非物質界に生きている」

「でも、プレアデスは比較的若い星団だが」

プレアデス星団は生まれてまだ1億年ほどで、生命が生まれて進化するには時間がなさすぎるのだ。ただし、それは物質的生命体の話であって、彼らのように非物質の生命体なら関係ないのかもしれないが。

「他の場所で成長して、ここに移ってきた」

なるほど。それなら納得できる。でも非物質界しかないとすると、あの日本人の体験はどうなんだろうか。臨死体験中にプレアデスで生まれ、そこで何十年も生きたという話だ。彼がいたのは物質的な世界のような印象を受けたが。(註)

「日本人にはプレアデスで生きた体験を話す人がいるが」

「ここにはさまざまな星があり、物質的なものから非物質的なものまである。ただ、すべてが両方を持っていて、地球のように物質界が隔離されている場はユニークだ。ここではそういうことはない。あの日本人は物質的な世界と把握したのだろう。プレアデス内でも進化すると純粋に非物質的なほうへ移る」

「プレアデスは特別なのか」

「そうだ。ここら辺の宇宙で精神世界の中心地である。リーダー的な役割を担っている。場がいい。ここから地球などの他の星への道が作られている。そのため今回も簡単に来られたのだ。地球へも影響している。人類の進化にも重要な寄与を与え

註　縄文エネルギー研究所所長・中山康直氏。彼の体験談をもう一度読み直すと(「スターピープル」2003 winter p46-48)、私の記憶違いだったことがわかった。プレアデスは単純に物質的な世界として描かれているのではない。むしろ物質と非物質の両方を兼ね備えた世界として描かれている

ている。今でもそうだ」

音声ガイダンスがＶ８への帰還をさかんに促している。指示に従う。Ｃ１帰還。

精神世界に関する本やウェブサイトには、プレアデス星人が登場したり、自分は人間になる前はプレアデスにいた、といった記述が目に付く。私はこういうのはかなり怪しいとこれまで思っていた。プレアデス星人という言葉を聞くだけで、すぐに眉唾ものと決め付けていた。というのは、プレアデス星団では生物の発生はともかく、その進化が難しいからだ。まず、星と星の互いの距離が近すぎるのだ。そのため、そこにある惑星の軌道は極端に不安定になり、生物の進化は不可能に近いからだ。進化するには、惑星がある程度の期間安定軌道を保つ必要がある。

さらに、星団を構成する星が青白い高温の星であることも、生命の発生を難しくしている。少なくとも地球型の生物は難しい。また先に書いたように星団が生まれてからの時間が短すぎて、高等生物の出現までの時間がない。

以上の理由で、たとえプレアデス星団に生物がいたとしても、進化の初期段階のものばかりのはずで、プレアデス星人などとんでもないと思っていた。

ところが、このセッションで言われたように、物質的な生命ではなく非物質の生命体なら話はまったく別だ。こういう物質界の制約を受けないので、さまざまなタイプの生命体が存在可能である。非物質のプレアデス星人ならまったく問題ないのだ。

ここで得た情報をまとめると、

1　アークチュルスにいる生命体は5次元つまりフォーカス35のあたりにいる。

2　彼らは人類の発生、進化に貢献している。ここと地球のフォーカス27はつながっている。

3　プレアデス星団には生命の存在する場として物質的なものから非物質的なものまであるが、すべて両方を持ち、物質界が隔離されていない。

4　今回コンタクトした生命体はフォーカス42のように意識のクラスターとして融合した状態にいる。他の場所で成長して、ここに移ってきた。

5　プレアデス星団はこのあたりの精神世界の中心地で、リーダー的な役割を担う。地球などへの道がつながっている。

6　彼らは人類の進化にも重要な影響を与えている。

オリオン座

12番目のセッションではオリオン座の星々とオリオン星雲を訪問する。オリオン座は北半球の冬の夜空を飾る星座で、リゲル、ベテルギュースなどのひときわ明るい星々から成る。リゲルは地球から700光年、ベテルギュースは500光年、そのほかの星はだいたい1500光年の距離にある。

オリオンのベルトに当たるところにある三ツ星は、その位置関係がエジプトのギザにある3大ピラミッドの位置関係と類似していることが、ロバート・ボーヴァルによって明らかにされている。エジプトのピラミッドがオリオン起源ではないかという憶測にひとつの根拠を与えている。

C1にいるときに真っ黒の背景に黄色の線でできたネットワーク（網状のもの）が見える。I・Tクラスターだ。下向きに下がっていて、籠《かご》状になっている。そういう籠状のものがいくつもあるように見える。

自分の一部のかなり進んだ部分は、プレアデスにいるような気がする。また別の一部はアークチュルスにいる。

自分が思っていたよりもはるかに大きな存在なのだ。何となくそれが感じられる。

フォーカス42へ着く。オリオン座の星の中で知的生命体のいるところへ行きたいと思う。何かが見える。線でできた幾何学パターンだ。次いで海のようなものが見えだす。

「水ではないが液体だ」

誰かがそう言った。

底へ着く。水色の中、底に白っぽい黄緑、水色の岩が見える。さんごのようなものだ。

すると、突然、メッセージがやってきた。なぜかフランシーンの声だ。

「この生命体は意識がテレパシーでつながっている。高度に進んだ意識生命体だ。ここはオリオンのベルトの三ツ星のそば。ここにいながら、別の生命系に行き、そこでの物質的な生命を体験している。それによって意識の進化を図っている。体験が成長をもたらす。ここでは捕食を自動的に行なって肉体的に生きている。意識はみなつながっているので、肉体が死んだら別の体に移ればいい。肉体の死にさしたる意味はない。あなたは前回我々と似たような存在と遭遇した。あれは別の惑星だが、同じような生命体だ。

我々は地球へも行ってそこでの生命を体験している。あなたのI・Tメンバーの中にもいる。ただ、地球生命系は一度入ると、ここのつながりを忘れてしまう。本来はこちらから出ているのにすっかり忘れて、地球上で輪廻しているものがあなたのI・Tの中にもいる。フランシーンの声を使っているのは、そのほうがあなたに馴染みがいいからだ」

「どうもありがとう」

音声ガイダンスの指示でこの場を離れてV8へ戻る。

次に指示で、ローカルバブル内で自由行動。ローカルバブルとは、太陽系のまわりの数百光年の空間にわたって星間物質があまりない空間が広がっているが、その領域を指す。その中にあるさまざまな星を探索していい。ただ、今回はどこにも行かずに、質問することにした。ピラミッドの歴史について教えてもらうことにする。

すると、砂漠が見え出した。そして解説が始まった。

「2万年ほど前、プレアデスと一部オリオンの生命体たちが共同で造った。非物質界から物質界へ具現化して造った。目的は、人類がいつの日か進歩してこの方法を解明するように。この方法はピラミッドの構造（外部および内部）、ピラミッドの地球上での位置の持つ意味にヒントとして隠されている。生命エネルギーを活用して、具現化する方法である。宇宙空間内の航行方法についても隠されている。これがわかることで、あるいはこれを解明していくことで、人類の霊的な進化が進められる。ヘミシンクよりもすばらしい方法である。次の次元へ進むことが可能になる。あなたはその（ピラミッドの構造の意味、生命エネルギーの具現化法）解明のために生まれてきた」

「え？　そんな。まったくわからないが」

「数学者のSさんがかなり進んでいるので、彼から学べばいい。彼は間違っている点もあるが。あなたがやらないなら他にやる人が現れる」

「もう少しヒントをくれないか」

「ピラミッドの頂点が眉間に関係し、全体が人体の構造と関連している」

これでもよくわからない。音声ガイダンスがV8へ帰還するよう指示している。しかたがないので、従う。C1帰還。

ここで学んだことをまとめる。

1　オリオン座の三ツ星のそばの惑星?の液体中に住む高度に進化した物質的生命体。個体の意識はフォーカス42ですべてつながっている。

2　捕食を自動に行なって肉体的に生きているが、肉体が滅んだら別の肉体へ移る。

3　他の物質的生命系に行って体験し意識の成長を図っている。

4　私のI・Tのメンバーにもここ起源のものがいて、その出自をすっかり忘れて輪廻している。

5　ピラミッドは2万年ほど前、プレアデスと一部オリオンの生命体たちが共同で非物質界から物質界へ具現化して造った。

6　目的は、人類がいつの日か進歩してこの方法を解明するため。

7　この方法はピラミッドの構造（外部および内部）、ピラミッドの地球上での位置の持つ意味にヒントとして隠されている。生命エネルギーを活用して、具現化する方法である。宇宙空間内の航行方法についても隠されている。ピラミッドの頂点が眉間に関係し、全体が人体の構造と関連している。

8　これがわかることで、あるいはこれを解明していくことで、人類の霊的な進化が進められる。

9　ピラミッドの意味を解明するのが私の生まれてきた目的である。

宇宙ステーション・アルファ・スクエアードと記憶の間《ま》

次の13番目のセッションでは、宇宙ステーション・アルファ・スクエアードへ行き、そこの記憶の間（メモリー・ルーム）を体験する。宇宙ステーション・アルファ・スクエアードとは、我々とは異なる生命体が造った宇宙ステーションとのことである。我々の乗ったＶ８はそれにドッキングする。その中には記憶の間（メモリー・ルーム）と呼ばれる場所があり、自分の意識の歴史を体験することができる。

さっきからぶっ続けに2セッションやっているので、初めからフォーカス42あたりにいる感じがする。さらに悪いことに、徐々にＣ１から上がってくるために、20いくつかのレベルにも、35あたりにも同時に存在するような感じがする。

Ｖ８から宇宙ステーションへ。何かの存在が見えるが、はっきりとした形はない。内部へ。さらにロビーへ。床が大理石状に輝き、壁は薄い藤色。ヘルパーが数人いるのがわかる。彼らはエネルギー体で、メタリックなぬるぬるした形をしている。

音声ガイダンスに従い、自分の個人用の部屋へ案内してもらう。

十数畳ほどの部屋へ来た。床が黒く大理石のような輝きを持つ。全体に暗い。

「こういう感じの部屋が気に入ると思ったので」

とヘルパーが言った。音声ガイダンスが部屋を好きに作り変えるように言う。

「いやこのままでいい。変える必要はないです。内部の詳細にはこだわらないので」

ソファのようなものに腰をかける。音声ガイダンスが、ドアの向こうに自分のメモリー・ルームがあると言う。その鍵をもらい、中へ行くように指示される。

メモリー・ルームの中へ入って驚いた。非常に広い。映画館ぐらいあり、しかも下へ向かって数十メートルの深さがある。植木鉢状をしていて、こちら側の斜面にイスがあり、大勢の存在がいる。

これは…？　I・Tクラスターだ。ちょうどI・Tがスタジアムだったように、I・Tクラスターはこういうすり鉢状をしているのだ！

音声ガイダンスが自分の意識の今までの歴史について見せてもらうように言っている。あるいは別の自分を体験するようにと言っている。

「そういう個々の情報ではなく、全体とのつながりが把握できるような体験をしたい」

「ちょっとお待ちください。意識を拡大しなさい」

あの別の惑星に住む5歳ぐらいの男の子の意識が感じられる（註）。例の東南アジアのような田園の広がる惑星だ。気候が変化して、昔のようには豊かではなくなった。ここの住人みながそうだ。でも家族の愛情に包まれて幸せだ。意識をこの子供から抜き出す。

「このように別の意識も体験できます」

註　『死後体験Ⅲ』p65–66参照。遠い惑星に住む自分のI・Tクラスターのメンバーのひとり。

例の籠のような中にいる。

「ここには前にも来ました。ここでさまざまなメンバーの意識を体験することができます。意識を拡大すればさまざまな意識を一度に体験できますが試みるがうまくいかない。

「まだ意識の制約があり、難しいでしょう」

音声ガイダンスの指示でメモリー・ルームから出る。この宇宙船内を探索するように指示がある。

部屋を出て左手へ進む。二階部があるようなので梯子《はしご》のようなものを上がって上へ。そこは展望デッキのようになっている。ここからI・Tクラスターが一望できるようだ。指示でV8へ戻り、C1帰還。


記憶の間《ま》（メモリー・ルーム）はなぜか、自分のI・Tクラスターにつながっていた。でも考えてみればそれも納得できる。I・Tクラスターにつながっているからこそ、自分の意識の歴史を見たり、I・Tクラスターの他のメンバーの意識を体験したりできるのだ。

それから、I・TクラスターがI・Tと基本的に同じ形状をしていることがわかった。『死後体験Ⅲ』（P178）に書いたが、I・Tはスタジアムの形をしていて、その客席の部分に大勢の生命存在がいる。それぞれがI・Tのメンバーである。その数は有に数万人を越えると思われる。また同じくP188に書いたが、I・Tはパラボラアンテナのように見えることもある。いずれにしてもすり鉢状をしていることに変わりはない。

今回わかったのは、I・T同様にI・Tクラスターもすり鉢状の劇場のような形をしていて、その客席の部分に大勢の生命存在がいるのである。基本パターンは同じである。

おもしろいのは、I・Tクラスターがときにはもつれたスパゲッティの塊のように見えることもある点だ。糸状のものが何本も網状にからまっていて、その一本一本が意識の糸で各メンバーにつながっている。

その中央部に来ると、スパゲッティが大きな籠を作っている真ん中へ来る。その位置からだと、さまざまなメンバーの意識を感じることが可能なのだ。さっきのセッションで言われたように、一度に複数の意識を体験することもできる。

ここからは推測だが、I・Tクラスターの中央は何本ものスパゲッティが籠状構造を作っているが、その部分が見ようによってはスタジアムやすり鉢状に見えるのではないだろうか。そしてその部分から、いろいろな方向へ、いろいろな星にいるメンバーへ、スパゲッティ状の意識の糸、あるいはチューブが伸びているのではないか。その糸が多数交錯する部分では、もつれたスパゲッティに見えるのではないだろうか。

武者の戦い

その日の晩の15番目のセッションは、銀河系内で自由行動をしてもいいし、先ほどの記憶の間（メモリー・ルーム）を体験してもいい。

Ｖ８で42へ。宇宙ステーションとドッキングする。ここから自由行動。メモリー・ルームで質問することにする。そのためにはまず自分の部屋へ行かなければならない。

「自分の部屋へ連れて行ってください」

そうお願いすると、しばらくして床が白い部屋へ来た。さっきとはまったく異なる部屋だが、かまわない。そのまま奥のメモリー・ルームへ行く。前から自分の問題点と言われてきたハートでのエネルギーの流れの詰りについて、解決したいと思う。それには、その原因となった過去世での体験を知る必要があるように思える。

「自分のハートでのエネルギーの流れを悪くしている原因となった過去世での体験について、流れをよくするために、その体験を知ることが必要なら知りたいし、それ以外の方法でよくなるならそうしたい」

こう言い終わらないうちに、目の前に映像が見え始めた。

草原だ。黒い人影が数百から数千見える。みな武者だ。詳細ははっきりしないので、日本の侍《さむらい》なのかどうかまではわからない。馬に乗っている人もかなりいる。みな一方向へ向かって進んでいく。次に入り乱れて戦っている様子が見える。どうも細部がよく見えないので聞くことにする。

「自分がはっきり見えなくしているのか」

「そうだ」

即座に答えが返ってきた。自分の内面奥深くで見ることを拒んでいるのだ。ブルースに言われたことを思い出す。家内のことを思い、抱きしめ愛情を感じるように努める。そうすることで、心が開き受け入れやすくなるからだ。

だが、それほど映像は明確にはならない。高さ5メートルほどの白い城壁を黒い武者が数十人、長い棒を持って登っていく。しばらく戦いの映像が続く。

次いで、緑の草に覆われた場所にいる。何かを手で草の上に置いている。詳細は不明だ。ただここで、子供たちと妻を殺すはめになったと感じる。

次いで寺の境内のような場所にいる。向こう向きに僧侶のようないでたちの人たちが百名ほど移動していく。先ほどから愛情を思い出しながら見ているが、一向に変化がない。まわりの景色が変わり、山の頂上へ向かって仰向けになったまま進んでいく。上空は晴れ渡りすがすがしい。てっぺんに来た。胸を開けて、どうにでもしてくれっと心の中で叫ぶ。自分ではどうにもならない。だが、何も起こらない。

しばらくこのままでいる。

また映像が始まった。「どうしたらいいのだ」と聞くが答えはない。

しばらくして、フォーカス35へ戻るように指示がある。V８内の自分の部屋へ行くように指示がある。自分の部屋に着くと、ヘルパーが聞いてきた。

「どうでしたか」

「どうもだめだね。自分ではどうしようもない」

「ブルースからアドバイスを受けたらどうですか」

「それもいいけど、ガイドのほうが私のことをよく知っているはずだから、ガイドの指示に従いたい」

「何か飲みますか」

見ると、テーブルにグラスが3つ並んでいる。シャンペンかワインのようなクリアーな液体の入ったグラスと、ビールらしきものが入ったグラスが見える。

「水をもらえますか」

その後、今までのことを思い返すのに忙しく、水をもらったかどうか定かでない。

C1へ帰還。


またしても武者の戦いの場面が現れた。この体験の詳細を知ることが、自分の抱える問題の解決になるはずだが、自分の内面奥深くが猛烈に抵抗をして見ることを妨げるのだ。

ディスク状のI・Tクラスター

翌3月16日（水）、朝7時50分ころから8時50分までブルースと会話、卒業について聞く。

「できることはほとんどやられたと思いますが、これから先に進むには何が必要だと思いますか?」

「感情から振舞うことがまだある。10年前から比べて大きく進歩したが」

「自分の感情が明らかに見えるようになる状態ではないのですか?」と聞くと、

「そう、自分自身の先入観なしで見えるようになる」

私自身のガイドから言われたことを話した。死ぬまでにそういう状態になると。これについては、『死後体験Ⅲ』(P195)を読まれたい。

「原因がはっきり見えるようになるので、感情的になってもすぐに冷めるのではないですか?」と聞くと、そうだと言う。

「家でふたり(妻と誰か)の会話を聞いていて、一方が言ったのを、他方が勘違いして聞き、さらにそれを初めの人が聞き違えているのがわかる」

「これから始める人に卒業するのに何をすべきだと思いますか?」

「愛情体験を思い出す、追体験する」


朝最初の16番目のセッションは、15番目と同じで、銀河系内で自由行動をしてもいいし、記憶の間(メモリー・ルーム)を体験してもいい。

Ｖ８内。エネルギー体が大勢(30名以上)見える。それぞれがはっきり見えるわけではないが、存在が把握できる。今回の参加者とヘルパーたちだろうか。

フォーカス42に着く。メモリー・ルームへ行こうと思っていたが、目の前に奇妙なものが見えるので、それをもっと探索することにする。

それは大きなディスク（円盤）で、一面にいぼのようなものが立っている。そのディスクを真上から見ている。色はグレー。中央に穴が開いている。

これは、I・Tクラスターに違いない。ブルースの言っていたディスクとは若干異なるが、基本的に同じものだ。I・Tクラスターはおわんの形にも、今回のようにディスク状に見えることもあるのだ。面上に立っているそれぞれのいぼがI・Tクラスターのメンバーに相当するのだと思う。

そのひとつを試してみようと思う。気がつくとトンネル状の中を前へ進んで行く。トンネルは淡く見えづらいが、見える。どこまでもくねくねと曲がりながら進む。一向に着かない。途中でトンネルがはっきりしなくなったので、引き返すことにする。

ところが、ある場所まで引き返すと、そこはドーム状にふくらんでいて、そこからはいろいろな方向へたくさんのトンネルが出ているのだ。トンネルの穴同士はくっつくくらいに近い。ドームといってもはっきりしなくて、どちらかというとスパゲッティのようなものがからまっている。籠の中にいる感じだ。そうか、I・Tクラスターの中央部にいるのだ。メンバー全部の意識を感じられるか試してみる。

しばらく待つと、ある景色が見えてきた。夏服を着た中国人（アジア人）が大勢いる。

街の中だ。ちょっと昔の……、そう、戦前の日本の街のようだ。景色が変わり、池と森のある公園内が見える。同じように中国人と思《おぼ》しき人が数十名見える。しばらくして、景色が切り替わった。今度は森の中にいる。人影が十名ほど見えるがはっきりしない。

また場面が切り替わって、今度はローマ風の石造りの大きな建物内にいる。場面がまた替わる。黒人女性の顔がうっすらと見える。

また変わり、海岸沿いの磯浜にいる。ゆっくりと崖を降りていき、磯浜に着いた。場面が切り替わる。今度はヨーロッパの戦争（第２次大戦）について誰かと議論している。今は戦争のまっただ中だ。自分はヨーロッパ人。この議論にあまりに熱中していたので、音声ガイダンスがＶ８へ帰還するように言ったので驚いた。すっかり忘れていた。そうだ、戻らねば。長いトンネルを後ろ向きに戻る。

やっとディスクのところへ帰ってきた。しばらくディスクを見ている。

そこで気が付いたのだが、タイムラインで自分の将来に起こる事件を３つ見せてもらったが、その最後に緑色の湖のまわりに石が無数に立っているところから出て来る場面を体験した。そのときのシーンがこのディスクによく似ている（『死後体験Ⅲ』Ｐ186）。

今回、Ｉ・Ｔクラスターはディスク（円盤）の形をしていた。ディスク全面にいぼのような突起が並んでいて、ディスクの中央には穴が開いている。いぼの一つひとつがI・Tクラスターのメンバーにつながっているようだ。いぼの中に入るとトンネルがあり、それを通って先まで行けば、メンバーの意識へ入っていかれると思われる。

また、I・Tクラスターの中央部と思われるところには、籠状のスペースがあり、そこから各メンバーへのトンネルが伸びている。ここは時間を超えた場所のようだ。ある意味全時代の自分、各メンバーにつながっていると考えられる。たとえば、第2次大戦中のヨーロッパ人のメンバーもいて、その意識を現在進行形で体験できるのだ。

これはI・Tが時間を超えた存在で、過去世と現世のすべての自分の集合であるのと同じことだ。I・Tクラスターは、I・Tの集まりであるから、当然ではあるが。

フォーカス49

フォーカス49は、モンローの表現を借りれば、いくつものI・Tクラスターが蜂の巣のようにつながって無限の海のように見える場である。

フォーカス42では自分のI・Tクラスターを把握したが、49では自分のI・Tクラスターがそれと関連する多数のI・Tクラスターとつながっている様子が把握できる。それは蜂の巣状とも、網の目状とも表現できる（『死後体験Ⅲ』P83のイラスト参照）。この多数のI・Tクラスターの集合をI・Tスーパークラスターと呼ぶ。さらに大きな意味での自分である。

フォーカス49ではまた銀河系の中心核（コア）を探索したり、銀河系から出て、アンドロメダ銀河など銀河系近傍の他の銀河と、そこにいる自分のI・Tスーパークラスターのメンバーを探索することができる。

17番目のセッションは、イントロ・フォーカス49、局所銀河群（ローカルグループ）の探索と題されている。局所銀河群とは、我々の銀河系とその近傍にある他の銀河の集まりのことであり、有名なアンドロメダ銀河や三角座のM33銀河などを含んでいる。このセッションでは、まず宇宙ステーション・アルファ・スクエアードに搭乗しフォーカス49へ行く。そこで名前が「宇宙ステーション・アルファX」に変わる。なんで名前が変わるのかよくわからない。

V8で宇宙ステーション・アルファ・スクエアードへ行く。何か見えてくる。そばに近づくと先の尖った戦闘機のような形が見える。全体がはっきり見えるわけではない。ドッキングした。フォーカス49へ向かう。

フォーカス49到着。線が何本も見える。しばらくすると、黒い背景に金色の線の網状のものが見えてきた。I・Tスーパークラスターだ。

ここから先は自由に探索していい。アンドロメダ銀河へ行くことにする。

しばらくして何かが見えてきた。何本もの線から成る形で流れがあり、次第に回転になった。アンドロメダ銀河だ。以前行ったことのある、地球そっくり惑星に住む自分の分身のところへ行くことにする。

枯れた草の原っぱに来た。しばらくして家の中にいる。木造のがっしりした家だ。三階建てのような印象がある。気がつくと「おばあちゃん」と声を出して祖母を探している。上の階へ上がっていく。自分は男でティーネージャーだ。ベッドルームが見える。洋式で6畳ほどの広さだ。ベッドカバーのかかったベッドが見える。

どこか途中で中年の女性を見た記憶があるが、どこだったか思い出せない。

ふと気がつくと銀行のカードでお金を降ろそうという話を誰かとしている。

場面が変わり、別の部屋にいる。ここも6畳くらいだ。家具に布のカバーがかかっていて、暖かみのある部屋だ。ここは地球そっくりだ。指示でフォーカス35へ戻る。

C1帰還。


1回目のスターラインズでのこのセッションでは、アンドロメダ銀河にある地球双子惑星と呼ばれる惑星へ来た。そこでは東京のどこにでもありそうな本屋の中の光景が見えた。そのとき受けた印象から、どうもここに自分のI・Tスーパークラスターのメンバーがいるような感じがしていた（『死後体験Ⅱ』P172）。

今回、その確信を深めた。やはりアンドロメダ銀河には地球そっくり惑星があり、そこに自分の分身というか、I・Tスーパークラスターのメンバーがいるのだ。彼はティーネージャーの男性で、祖母を含む家族と暮らしている。ちょっと甘えん坊という印象だった。

この話をセッション後のミーティングで披露しようと思っていると、その前にひとりの男性が発言した。アンドロメダ銀河で地球によく似た惑星があったと。

彼によれば、地球にオリオンなどから生命体が移ってきて人類が出現したときに、同時にこの惑星にも移り同様のことが起こったとのことだった。これでアンドロメダ銀河に地球そっくり惑星があることが、自分以外の人によって確認されたことになる。

ここでモンローの1冊目『Journeys Out of the Body』（一部邦訳『体外への旅』（学研）絶版・ハート出版にて近日、全邦訳出版の予定）に、ローカルⅢと彼が名付けた惑星が出てくる。宇宙のどこかにある地球そっくりな世界である。モンローはそこを少なくとも50回訪問している。彼によると、

「自然の様子も同じなら、住んでいるのも私たちと変わりない人間だ。家があり、町があり、家庭があり、家族があって、人々は生活のために働いている。道路ではいろいろな乗り物が往き来し、鉄道には汽車も走っている」（『体外への旅』P106）

ただし、ガソリンを利用するような内燃機関や、電気が利用されている形跡が見られない。その代わりに放射性物質を使っているように見える。この惑星にはモンローの分身とでも言える男性がいる。その男はうだつの上がらない建築請負業者である。このモンローがローカルⅢと呼んだ惑星は、私が訪れたアンドロメダ銀河の地球そっくり惑星と同じだろうか。

I・Tスーパークラスター

18番目のセッションでは、銀河系の属する超銀河団の中の、おとめ座銀河団を探索し、その後自由行動である。

真っ暗な背景に細い白い線が網目状になっている。I・Tスーパークラスターだ。その一部が盛り上がったり、変化する。そのうちそれがトンネル状になって、その中を前方へ進んでいく。漆黒の空間にさまざまな球が見える。惑星や恒星のようだ。そういう空間を移動していくと、今度は細かい光の点が多数集まったものが見える。銀河なのか（渦巻きではない）。

さらに移動する。目を凝らすと、非常に淡い渦巻き銀河が無数見える。そこら中にある。おとめ座銀河団に来たらしい。暗い空間に白い線が多数見え、そのうちそれがトンネル状になって、その中を前へ進む。トンネルははっきりしなくなった。トンネルから出たのか。

非常に明るい大きなスタジアムのようなところに出た。全体の右半分が見える。通常のスタジアムよりも深さが三倍ぐらいあり、底のフィールドの部分がない。赤、青、白の球がスタンドを埋め尽くしている。そのうち球がいくつも上空へ舞い上がり始めた。青空だ。ここは、以前来たところなのか。

指示で戻らなければならないが、このスタジアムがいつまでも見える。Ｖ８内の自分の部屋へ戻る。そのイメージをしっかりと作ることで、その部屋へ戻った。個人用のバーのような場所にいる。Ｃ１帰還。

またスタジアムというか、すり鉢状の構造に遭遇した。これはフォーカス49にあるのだから、Ｉ・Ｔスーパークラスターなのだろう。同じ形の繰り返しである。

19番目のセッションは、フォーカス49で自由行動である。

フォーカス49に着いた。何をすべきかクラスター・カウンシルに聞いてみようと思うが、起こるべきことは起こるからいいかと思い留まる。クラスター・カウンシルとは、自分のＩ・Ｔクラスターの代表者たちだ。

さっきのスタジアムへ行ってみることにする。そうお願いすると、すぐに目の前に現れた。今回はロート状の側面に青黒い球がひしめいている。側面に比べて、さっきよりもはるかに球の大きさの比率が大きい。ビー球のようなものが側面を埋めている。これって、前回のスターラインズで見たものとそっくりだ(『死後体験Ⅲ』Ｐ86)。でも、前回は長いトンネルを通過した先で見たのだが。

少し移動し、青黒いビー球が一面に並んでいる場へ来た。ぎっしりと三次元的に詰まっている。上のほうにも多数ある。大きさはどれも大体同じだ。ここにも前回来た（『死後体験Ⅲ』Ｐ86とＰ90のイラスト）。

これはそれぞれが宇宙なのか。ひとつの球の中へ入ろうと思う。

ある球の目の前にきた。膜が青白い水のようにうねっている。入るのをやめ、ここから離れる。

また、球が一面に並んだところへ来た。ぶどうの粒のようにも見える。生命体という感じはしない。大声でハローと叫ぶ。返事はない。そのままここにしばらくいる。

でも次第に飽きてきたのでほかの場所へ行くことにする。

空間の一部がトンネルになった。その中を進む。水色の壁だ。流れがある。茶色の筋が向こう向きに何本も流れに沿って見える。表面はぬるっとした感じで、空気で膨らませたチューブ内のような感じだ。どこまでも進む。

３分ほど進んだろうか。開《ひら》けたところへ出た。上空は真っ暗で、下は白っぽいところを移動する。突然、帰還指示が来た。ここから帰らねば。後ろ向きに進む。

どこまで行ってもトンネルから出られない。ガイダンスはもう35へ行くようなことを言っている。自分の部屋へ行くように指示している。

まだ、トンネル内を移動している。無理やり、自分の部屋をイメージし、戻る。

バーのカウンターのようなところに来た。ヘルパーが声をかけてきた。

「どうでしたか」

「えっ!、いっしょじゃなかったの?」

「いっしょじゃないですよ」

「一体どこへ行ってたんだろうかと思って。この前はずいぶん苦労して球のあるところへ行ったのに、今回は瞬間的に移動できた」

「クイック法でも使ったんじゃないですか」

「えっ!、そんなのあるの」

「慣れると、それを使うみたいですよ」

C1帰還。

夕食の際に、ブルースといっしょになった。この件について質問してみる。

「以前、ある場所へ行ったときには長いトンネルを通ってやっとたどりついたんだけど、今回は瞬間的に行けました。こういうことってありえるんですか?」

「一度行ったことがある場所は、そこのことを思うだけで行くことができるんだよ」

さすがブルースだけある。明回答。納得した。

夜のミーティングで、フランシーンから銀河系の中心核(コア)についての説明があった。ここはスターゲートとも呼ばれ、この3次元物質宇宙とは異なる他次元への通路になっているという。ここを通るとフォーカス・レベルを一挙に何段階も上がることができる。つまり数オクターブ分、上のフォーカス・レベルへ行くことが可能である。

さらに、ここはすべての根源、源へとつながっていて、そこへのエネルギーの流れと、そこからの流れがある。すべての源は創造の源とも言い換えることができる。生命エネルギーの大本である。

武将

20番目のセッションでは、フォーカス49で銀河系中心核（コア）を探索し、その後宇宙ステーション・アルファX内の記憶の間でクラスター・カウンシルからメッセージを得る。


Ｖ８内に着く。内部がはっきりと見える。今までよりも広い。部分的に金色と茶色のイスやテーブルが見える。たくさん立っている金属色のものは人間のエネルギー体のようだ。

フォーカス49へ。さらに銀河系コアへ。暗い中に渦が見える。薄い色の流れの中に細い青、黄色、赤の流れがある。

今回は前回のときのようには強い引き込みを感じない。先入観を持って見ているかもしれないので、もう一度見直す。今度は青い海が見える。指示でＶ８へ戻る。

さらに自分の部屋へ案内してもらう。床が赤い場所を移動。壁が濃い茶色で、左右にいくつも小部屋がある。それぞれがドアごと回転している。そのうちのひとつに入る。席に着く。音声ガイダンスが長い。要するにクラスター・カウンシルと会話して、カウンセルを受けてもいいし、質問してもいいし、自分の意識の目的や創造について教えてもらってもいいとのことだ。

「今の自分がここからさらに成長するにはどうしたらいいのですか」

「答えはわかっていると思うが」

「確かに」

「それではハートの詰まりの元である体験を見せてくれますか」

「準備はできていますか」

「はい。そう思います」

「それならいいだろう」

しばらくして映像が始まる。目の前に草原が広がり、こちらに向かって大勢の武者が馬や徒歩で駆け下りてくる。頭に白いものが見える。鉢巻か、何か。その集団は数百人から千人規模。左手に移動していく。

よくよく見ると、武者ばかりではなく一般人も多い。日本人かどうか不明。列を成して左手の寺のような建物の門を通っていく。中の数名がはっきり見えた。白人顔の女性だ。ただ建物は完全に和風でお寺のようだ。あるいは城かもしれない。

建物の中、こちら側の壁や戸はすべて開け放たれている。40畳ほどの部屋で、儀式用に着飾った男性が数人正座して何かの儀式をしている。右手のふたりと左手のひとりが向き合って、物を渡したりしている。すると右手のひとりが立ち上がり、右手へ歩いていく。庭の向こうは海または湖が広がっている。男たちは岸辺につないであった数艘の舟に乗り込み、沖へ出る。舟には他にも何名か乗っている。これって秀吉との和睦で舟上で切腹した武将なのか。確か毛利の出先の備中高松城とか、言ったな。舟は右手のほうへ移動していって視界から出た。

向こう岸に沿って、弓や槍を持った人が多数乗った船が何艘も見える。そこから左手へ向かっておびただしい数の矢が放たれた。空が矢で隠れるほどだ。矢は左手にいる軍勢に当たった。高松城の場合は戦にはならなかったから、これは違うな。

この辺で帰還命令が来た。無視して、続ける。

海岸沿いに映像は移動していき、大きな岩の塔の壁に何かの絵がいくつも埋め込まれているのが見える。塔が回転して、次から次と新しい壁の面が出てくるが、どれも同じような絵が上下に3つほどある。何かを心の奥深く埋め込んで隠しているということか。『体外離脱体験』で書いた黒いビニール袋の夢を思い出した。何か人に知られてはまずいことを奥にしまいこんでいる。何なのか、それが思い出せない。

C1帰還。

セッション中に思い出した備中高松城と言うのは、秀吉が毛利を攻めていた際に水攻めにした城である。ところが本能寺の変が起こり、急遽京都へ取って返さなければならなくなった秀吉は、敵方に情報が伝わる前にうまいこと和議を結ぶ。条件は城主が切腹すること。城主清水宗治は湖水の小舟の上で切腹した。

3月17日（木）、最終日。モンローの命日でもある。

朝5時ごろ目が覚めたので、瞑想する。今の状態だと心に思うだけでいろいろなフォーカス・レベルへ行ける。V8の室内を思う。ここからさらに例の球のたくさんある場所を思う。青黒い球が無数並んでいる場へ来た。しばらく見ていると、ガイドがここへひとりで来るのは危険だから、やめたほうがいいと言う。びっくりして、すぐにV8内のバーを思い、そこへ無理やり移動した。バーに到着し、ほっとする。

心の奥へ隠した体験について思い起こそうと思う。ガイドの協力をお願いし、愛情体験を思い出しながら、その部分の自分を受け入れようと思う。すると劇場のようなところへ来た。暗闇の中に人影がぎっしりと観客席を埋め尽くしている。ここは私のI・Tのようだ。暗い中に薄日が差している。みなが声援を送っているような感じがする。もうすぐだ、がんばれと。

今日の初回の21番目のセッションは、フォーカス49でクラスター・カウンシルと会い、その後は自由行動である。

27の結晶へ着いた。さっきのセッションでも気がついたが、上へまっすぐに伸びる白い綱のようなものが目の前に見える。綱は下へも伸びている。それは地球コアへとつながっている。この綱を下へ行く。地球のコアへ着く。次いで、この綱を上へ上がっていく。49に着く。

真っ暗な背景に、視界の下半分が薄い金色で、半球状にI・Tスーパークラスターが見える。月面のように丸い形状のものがいくつもある。それらがつながっている。基本的に網状の構造と同じだ。どう把握するかによって、網状に見えたり、球が並んでいるように見えたりするようだ。

クラスター・カウンシルのところへ行き質問することにする。

「あなたが何を聞きたいかわかっているが、もう一度聞いてみなさい」

とクラスター・カウンシルが言った。思いを言葉として明確にすることが大切なのだろう。

「自分のハートの詰まりの元になっている体験を知り、それを解放したい」

「いいでしょう。ただ解放できるかどうかはあなた次第です」

しばらく待つ。前方へ降下し始める。薄緑色の中をまっすぐに降りていく。

「あなたの問題の過去世の時間と場所へ行きます」

何かが見えてきた。

停止。森の中、緑の下草と太い木々。下草は高さが50センチ程度だ。弓を射る人が見える。木の一部に無数の矢が四方八方から刺さったものが見える。それは高さ2メートルほどの大きな毬藻《まりも》のような形をしている。だいぶ前に見たのと同じだ。やはりこれが関係しているのだ。このまま何かを思い出そうとするが、まったくわからない。

次いで映像が変わり、いくつかの把握できない映像が見える。黒い岩の磯浜。青黒い海。霧がかかっている。自分の姿を見せてもらう。にやっと笑った武将が見える。兜に長さ50センチほどの角《つの》のようなものが二本生えている。ただし、丸みはなく薄い。兜《かぶと》は薄茶色だったように思う。

指示がV8へ帰還するように言っている。時間がないので最後にもう一度何かヒントをもらえないか頼む。すると、何かが見える。

和室に仏壇のようなものがあり、その前に金色の飾り物が置いてある。赤い布の上だ。高さ20センチぐらいで、金色の棒状のものが千手観音のように伸びている。これが遺品なのか。この家から出ると、右手に移動していく。海岸線が見え、向こうに岩山がずっと続く。上半分は緑の木々で覆われている。下関あたりの秋吉台地という言葉が浮かんだ。

モンロー、モーエンと私

22番目のセッションは、今回のプログラムの総まとめとも呼ぶべきものである。地球のコアと銀河系のコアを結ぶという役目もある。

まず27で地球のコアへ行き、そこでメッセンジャーとしてメッセージをもらう。そして34・35でV8に乗り、49へ。クラスター・カウンシルと会い、さらにスターゲートから先へ行く。スターゲートはクアンタム・シフト（いくつものフォーカス・レベルを一挙に移動すること）が可能な場である。その後49へ戻り、自由行動。超銀河団を探索する。さらに42へ戻り、銀河系内探索。さらに27で自由行動。地球コアへ戻り、持ち帰ったメッセージを渡す。

フォーカス27で向こうのモンロー研へ来た。青空の下、険しい山の頂にモンロー研風の建物がある。場面が切り替わる。青黒い湖の真ん中に大きな結晶がある。女性の姿が中に見える。セクシーだ。青い。結晶は奇妙な形をしている。ナスの形というか。つまり上半分は丸みを帯びていて、下が結晶型をしている。透明で中心に白紫色に輝く芯がある。

地球のコア結晶へ。結晶が見えた。金色と黒のパターンだ。

誰かが私の体へ何か小さなメモ用紙をいくつも貼り付けた。裏の一部がくっつくようになったメモ用紙だ。銀河系中心核へ送り届けるメッセージだ。

左手へ移動する。赤いじゅうたんの部屋へ。金色の折れ曲がったものがたくさん見える。よく見るとそれらはすべて人間だ。そのうち全員が輪を組んで踊り出した。そのまま踊り続ける。今回の参加者たちなのだろうか。

スリング・ショット法で34・35へ。さらにV８へ。さらに49へ。

指示に従いクラスター・カウンシルと会話する。

自分とモンローとブルースの関連についても教えてくれると言う。しばらく待つ。

暗い中に映像が始まった。青黒いビー球のような球が数十個集まって球を作っている。うにのようにまわりへ針が伸びている。それぞれの球が活発に動いている。そこからいくつかが左手へ放射された。数個の球がくっついたまま飛んでいく。あるところまで来ると、またその中のひとつからいくつも球が放射された。

「あなたとボブ（モンローのこと）とブルースは同じI・Tに属している」

「えっ！　本当ですか」

「そうだ。I・Tは非常に大きい。１万人はいる」

ここでガイダンスの声がスターゲートから先へ行かれるかどうか、カウンシルに聞くようにと指示してくる。もちろん行かれる。しばらく待つ。

例の青黒いビー球がたくさんある場所へきた。

「あなたはもう知っていると思うが、ここはI・Tスーパークラスターのさらに上のクラスターだ。それぞれの球はひとつの意識、スーパークラスターに相当する。

だから宇宙というのは当たらずといえども遠からずだ」

実は『死後体験Ⅲ』（P86）で前回ここへ来たときの体験を書いた際に、この一つひとつの球を宇宙と表現した。球はI・Tスーパークラスターなのだ。その中には数多くの物質的、非物質的生命体の意識が含まれている。

「ここからさらに先に行っていいか」

「もちろん」

しばらく待つ。青いトンネルが現れる。内面は凹凸《おうとつ》がありぬめぬめしていて、トンネルの穴もきれいな円ではない。トンネルは進行方向に平行ないくつかの透明のチューブからできていて、その境目が白い。その中を進む。

数分移動して、大きな空間へ出た。そこは青っぽい背景に黄色や白の細い線が流れを作り、雲のような白いものも見える。要するに非常に表現するのが難しい。

しばらく見ていると、無数の青いビー玉が一枚の平面上に現れた。今まで見えなかったのが見えてきたのだと思う。その平面の数が増えて、そこら中の空間を埋めだした。要するにここもより大きなクラスター、ディスクなのだ。

さらに先へ行くことにする。またトンネルが現れた。中へ入る。前進。いくら行っても着かない。そのうちガイダンスの声がV８へ帰還するように指示する。

無視して前進するが、あきらめて、来た道を戻る。V８はおとめ座銀河団へと進んでいる。まだV８にたどり着かない。さらに進むと、大きな銀河の渦から飛び出した。

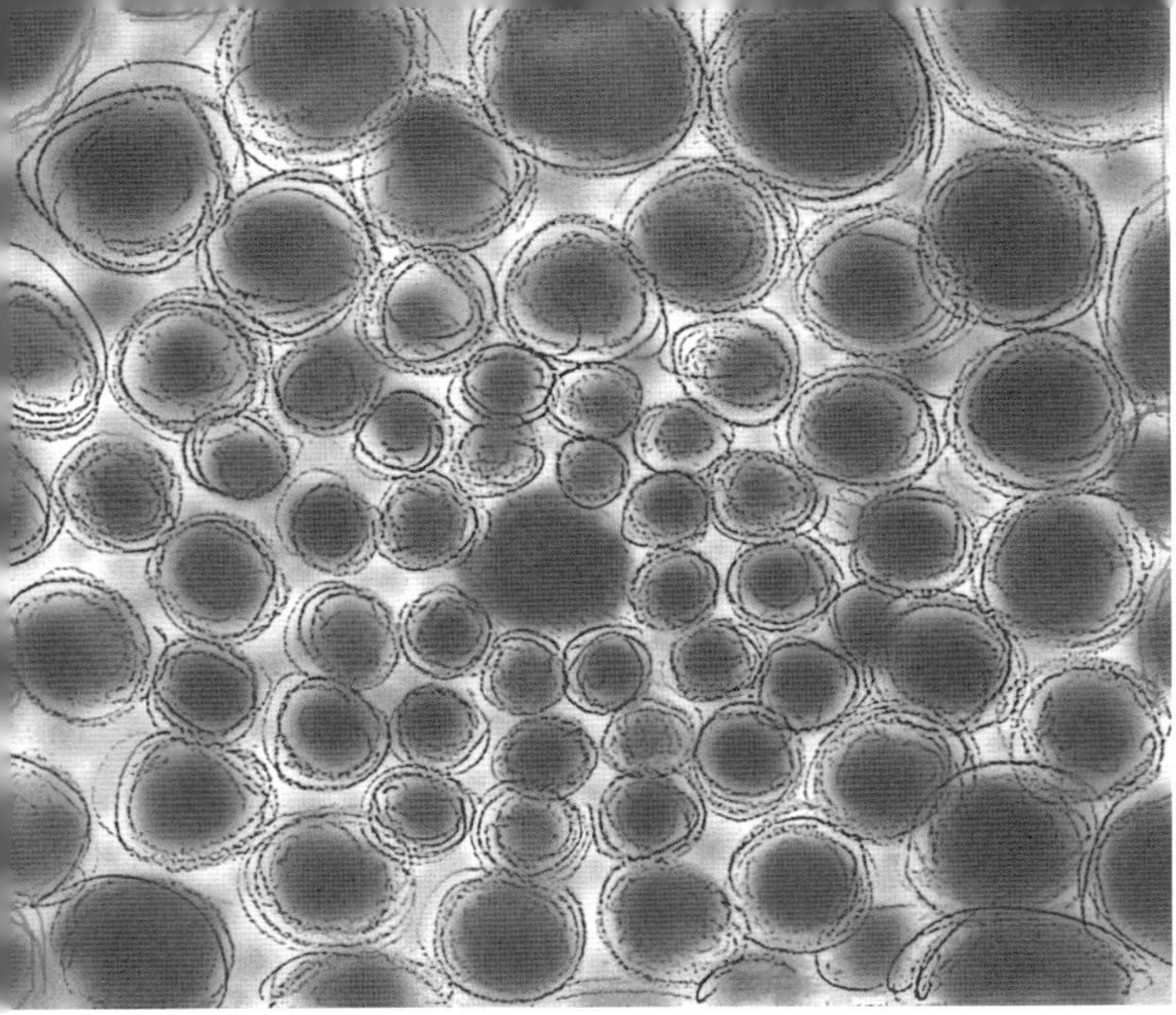

一つひとつの青い玉はI・Tスーパー・クラスターで、それがすり鉢状に並んでいる。基本的にはI・TやI・Tクラスターと同じ構造である。

→星の一面に見える宇宙空間に、ぽっかりと浮かぶI・Tクラスター。上面がスタジアム状で、下へロート状に伸びる部分がある。

「やった！」

まわりに銀河がたくさん見える。やっとこの宇宙へ帰ってきた。ほっとするのもつかの間、今出てきた銀河に引き戻されそうになるので、逃げる。

指示に従い、銀河系へと戻る。細かい光の点から成る楕円状の渦が見えてきた。銀河系だ。そちらへ移動。内部へ。今回は垂直のロートの中を降りていく。

どこだか思い出せないが、星や生命、物質、あらゆるものが生命エネルギーのさまざまな形での表現であることを感じた。

フォーカス42へ。例によって、突然建物の中に来た。２、３階建ての内部にいる。ローマとかエジプト風の大理石を使った建物で、レストランというか、パーティ会場だ。これまで2回のスターラインズの同じセッションでも、ここで唐突に建物内へ入ったのだ。ここは一体どこなのだ。徐々に降りてきて2階部へ移動。赤いソファとテーブルが見える。誰もいない。ここはどこだろうか。

「もうわかったと思うがI・Tクラスターのメンバーが一堂に会するところだ」

そうか、わかったぞ。ここはI・Tクラスターのメンバーが全員集まるところなのだ。全員が無事回収された際に、それを祝ってここでパーティをやるのだ。で、今、現にパーティが行なわれている。ということは、未来の光景を見ているのか。

10名ほどタキシードを着た男性が写真を撮られるために集まって並んでいる。右手に移動すると、今回のトレーナーのリー・ストーンが何か話しかけてきた（内容は覚えていない)。

「え？　リーも私のＩ・Ｔクラスターのメンバーなのか」

「そうだよ」

リーが笑顔でそう言った。場面が変わり、星が満ち溢れる空間を移動して行く。大きなＵＦＯが見える。よく見ると、上の面にスタジアムがあり、下にロート状の管が伸びている。Ｉ・Ｔクラスターだ。指示がローカルバブル内を探索するように言う。オリオン、シリウスだ。こんな遠くにＩ・Ｔクラスターはあるのか。さらに進む。大きなロート状のトンネル内を進む。その表面に小さな光の点が無数にある。こんなのを見たのは初めてだ。太陽系へ。35へ。さらに27へ。フォーカス27のモンロー研の結晶が白みを帯びた金色に輝く。何とも優しく優雅な結晶だ。地球のコア結晶へ帰る。持って帰ったお土産を渡す。Ｃ１帰還。

今回したいくつもの体験は理解するのに若干の解説が必要だと思う。まずクラスター・カウンシルが私とモンローとモーエンとの関係について示すために見せてくれた映像である。青黒い球が分裂していくというものだが、これを理解するには「意識の歴史」についての説明が要る。

意識の歴史

「意識の歴史」とは、我々人間を含む宇宙のすべての存在の起源について、ブルース・モーエンが高次の意識存在から得た情報である。それについて詳しくは拙著『ＳＵＰＥＲ　ＬＯＶＥ』（Ｐ132～136）に書いたので、ここでは簡単に説明するに留める。

時間も空間も生まれる前のこと、自己認識する存在があった。この「光の球」はまわりを「大いなる未知」で囲まれていた。未知に対して好奇心を抱いた「光の球」はまわりの探索をするために、自分の一部から自己認識するものたちを作り出して、次々とプローブ（探査用の道具）として送り出した。それらは「光の球」から見れば子供のようなものだ。

ところがそれらはすぐに空中分解してしまった。分解しないように何かを使ってつなぎとめる必要があったが、何がいいかわからないので、片っ端から自分の一部を接着剤として使い、探索に送り出した。

そうこうするうちに、送り出したプローブのひとつが突然帰ってきた。それは「無条件の愛」を接着剤として使っていた。そのプローブは愛によって固められていたので、「大いなる未知」内を愛を通して見、自分を愛し返すものを探し続けた結果、「光の球」に戻ってきたのだ。そして大きな愛とともに受け入れられた。

「光の球」は意識していなかったが、送り出したプローブはみな「光の球」の持っている「好奇心」を持っていた。このとき以来、プローブはすべて「無条件の愛」を接着剤とし、「好奇心」を持って「大いなる未知」の探索に送り出された。そして「光の球」に帰還するときに大いなる愛という報酬を受けることになった。

送り出されたプローブたちは「光の球」の方法をコピーして、自分の一部から自己認識するプローブをいくつも作り出し、まわりへ探索に送り出した。これらは「光の球」から見れば孫のようなものだ。孫たちもまたこの方法をコピーした。それが繰り返され、孫、ひ孫……といくつものレベルのプローブが作り出され、「大いなる未知」が探索されていった。我々人間は「光の球」から見ると13とか14代目のレベルに位置する。I・Tはそのひとつ上、I・TクラスターはそのひとつＥ、I・Tスーパークラスターはそのまたひとつ上である。

クラスター・カウンシルが私とモンローとモーエンとの関係について示すために見せてくれた映像は、I・Tスーパークラスターから I・Tクラスターが放射され、さらにそこからいくつものI・Tが放射される様子だと考えられる。次に、私とモンローとモーエンは、同じI・Tに属していると言われたことについて考察したい。モンローは、I・Tとは「すべての過去世の自分と、現世の自分の集合」と定義している。そして、現世にはもうひとりロシアに女性として生きている自分がいるとしている（『究極の旅』P198）。

このモンローの定義に従うと、私とモンローとモーエンが同じI・Tに属しているというのはおかしいように思える。モーエンと私がモンローの現世における別の人格なのに、モンローがそれに気付いていなかったと考えるべきか、あるいはこの定義がそもそも間違いなのか。私は後者ではないかと思う。I・Tはモンローの考えていたものよりも大きな集団である可能性が高い。その根拠として、私の過去世とモンローの過去世がオバーラップすることはないし、モーエンの本に出てくる彼の過去世と私やモンローの過去世がオバーラップすることもない。

つまり、3人それぞれの「すべての過去世と現世の自分」は異なる。が、その集合がひとつのI・Tを形作っているのだ。もしかしたら、3人ではなく、もっとたくさんいるのかもしれない。このときのクラスター・カウンシルの回答は、

「そうだ。I・Tは非常に大きい。1万人はいる」

だったが、これは、I・Tがモンローの定義よりも大きな概念だということを支持している。前回のスターラインズでオリオンを訪れたときに、私のI・Tメンバーにオリオンから来たものがいると言われた。このこともI・Tがモンローの定義よりも大きな概念であることの証左になる可能性がある。

次にスターゲートを超えて行った青黒い球が並ぶところについて考察する。ここには多くの青黒い球がすり鉢状に並ぶ。一つひとつの球がI・Tスーパークラスターで、このすり鉢はI・Tスーパークラスターの集合である。

ここからトンネルを通ってさらに先へ行くと、また青黒い球の並ぶ場へ来た。ここはさら

に一段上の集合である。我々の5段上のレベルである。

スターラインズは今回で3回目だが、このセッションではフォーカス49からの帰還の途中、なぜか毎回フォーカス42で突然、何の脈絡もなく建物の中へ入る。ここがどこなのか毎回疑問だったが、今回やっとわかった。I・Tクラスターのメンバーが一堂に会する場で、全員集合できてよかったと祝賀パーティを行なっているのだ。つまり、I・Tクラスターのメンバー全員がフォーカス42まで帰還できたことを祝っているのである。

モンローの『究極の旅』（P152）に同様の描写がある。ただし、モンローはそこをI・Tクラスターではなく、I・Tのメンバーが一堂に会する場と表現している。

もしかするとモンローの言うようにフォーカス35に同様の場があるのかもしれない。あるいは、モンローがI・Tクラスターのメンバーの集まる場を、I・Tのメンバーの集まる場と勘違いしたのかもしれない。

コーヒーブレイク①

「常識とは、18歳までに身につけた偏見のコレクションのことをいう」

アルバート・アインシュタイン

誤解されやすい言葉だが、何も非常識な人間になれと言ってるのではない。

常識というものは、ひとつの社会とか、ある領域内でのみ成り立つ真理であって、ひとたびその領域を離れると、あるいはもっと大きな領域まで含めると、必ずしも真理ではなくなる、ということを言っているのである。そういう意味で偏見だと。

日本の常識は世界の非常識と言った人がいる。これはこのことを端的に表している。

アインシュタインがこう言った裏には、物理学での体験がある。20世紀初頭、アインシュタインが相対性理論を打ち出すまでは、17世紀にニュートンが作ったニュートン力学が正しいと思われていた。確かに通常の速度の範囲内の現象を見ている限りでは、ニュートン力学は限りなく正しいのである。ところが、光の速度に近い領域の現象になると明らかに間違ってくる。相対性理論の登場となる。

この新しい相対性理論の観点から明らかになったことは、今までの常識と大いに矛盾する。たとえば、光速に近い速度では時間がゆっくり進むとか、長さが縮むとか。時間や長さはもはや絶対的なものではないのである。

このように、新しいより正しい観点から見た真理は、我々の常識から大きく逸脱しているように見える。常識のほうが局所的な偏見だったのだ。

これと同じことが他の事柄でも言えないだろうか。

本書に書かれていることは、「常識」からは大きく逸脱している。その理由は、これまでに人間が体験してこなかった領域へ踏み込んでいった結果だからだ。これまでの常識が、単に狭い領域での偏見でしかなかったということなのである。

だから、常識からはずれているからといって、本書で述べていることがらを安易に否定しないでほしい。否定する場合は、その根拠を自分なりに考えてみていただきたい。根拠は案外薄弱なものでしかないはずだ。

大きな銀河に小さな銀河が正面衝突してできたと考えられている「車輪銀河」。

宇宙はダイナミックに動き、かつ膨張している。だが、アインシュタインでさえ、相対性理論発表後も「宇宙は膨張も縮小もしない」といった「偏見」を持っていた。しかし、観測されたデータを目にして、その偏見を改めることになる。

宇宙は、常識外のことが「普通」に起こる。

第3章　アクアヴィジョン・アカデミー

転機

　時間は前後するが、『死後体験Ⅲ』を出版してからの2年半の間に、実を言うと、私の日常生活は大きな変化を体験していた。それまでの、ある意味、気ままでのんびりとしたペースから、一挙に高速道路を全速力で突っ走るようなペースになっていた。

　人生はひとつのことがきっかけとなって、思わぬ展開を見せるものである。今まで私はあくまでも自分の好奇心から、モンロー研究所を訪れヘミシンクを体験してきた。リタイヤした気軽な身分で、自分のペースで好きなときに、好きなだけ訪れていたのだ。

　転機が訪れたのは２００４年10月にタイムラインというプログラムを受講したときである。このプログラムについては『死後体験Ⅲ』に詳述した。フォーカス15（時間に束縛されない状態）で、自分の過去世についての情報を得ることを主な目的とするプログラムである。過去だけでなく、未来にも行く。

その中で、未来の自分と会うというセッションがあった（180〜187ページ）。死後の自分と出会い、この人生で今後起こる3つの重要な出来事を教えてもらうというものだ。未来の自分だから、この人生でこれから何が起こるのか知っているので、教えてもらうのである。

この3つの出来事についての情報もさることながら、私に一番インパクトがあったのは、実は、将来の自分がとても流暢な英語で話しかけてきた点である。彼によれば、それはモンロー研との交信が格段に増えた結果、今よりももっと流暢になるのだという。

『死後体験Ⅲ』には書かなかったのだが、私はこの言葉にひらめくものがあった。

「そうか、やっぱりモンロー研ジャパンのような機関を設立しなければいけないのか」と。

つまり、モンロー研とヘミシンクを日本に広めるための出先機関のようなものを作るのである。ここで、「やっぱり」と思ったのにはわけがあった。

2002年10月にハートラインを受けた際に、ボブという初老の男性が参加していた。彼は心温かな人で、普段オーラなど見たことがあまりない私でも、彼が温かな紅色のオーラで包まれていることが見て取れた。身体を50センチほどの厚さで包み込んでいるのだ。

モンロー研のナンシー・ペン・センターのデッキでそのボブと話をしていたときのことだ。何でそういう話になったか思い出せないが、彼からモンロー研ジャパンを作りなさい、と勧められた。ボブは、そういうふうに決まっているのだ、というふうな感覚で言うのである。

当時の私はそういうことにまったく興味を持っていなかったので、いぶかるだけで、真《ま》に受けることはなかった。前に書いたが、私はリーダーになることに対して極度の恐怖心がある。それは、過去世での失敗がトラウマになっているのだ。ともかく無条件にそういうことを避けてきた。そういうわけで、ボブに勧められても軽く受け流すだけだった。

こういう経緯があったので、内心「やっぱり」と思ったのだ。今回は誰でもない、将来の自分である。将来の自分が、モンロー研ジャパンを作りなさいと言ったわけではない。が、言外に言わんとしていることは、明らかだった。

遂に来たか、というのがそのときの正直な気持である。誰が言っても聞かないから、とうとう自分自身に言わせたな、と。それなら、納得するだろう。将来の自分が勧めるのなら、従うだろうと。実際、私は納得したのである。モンロー研ジャパンのようなものを設立することを承諾したのだ。

タイムラインから帰国後、具体的にどういうことをしたらいいか、考えをめぐらせた。そこで心に浮かんだのが、植田睦子氏（通称ミッツィ）である。彼女とは2年ほど前から知り合いになっていた。彼女も私同様個人的な興味から、それまでにモンロー研へ7、8回行っていたのである。モンロー研のトレーナーのフランシーンに紹介されて、日本で何度か会っていた。彼女は私の家から車で30分ほどのところに住んでいるはずで（実際に行ったことがなかったのでわからないが）、いっしょに仕事をしていくのに何かと都合がよさそうだった。また、彼女はフロリダに住んだ経験もあり、英語は堪能だったので、この仕事にはうってつけだった。

さっそく彼女にこの話を持ち込むと、彼女はしばらく考えた上で承諾した。

並行して、以前から面識のあったモンロー研のプレジデントであるローリー・モンロー（故ロバート・モンローの実の娘）にメールで問い合わせた。モンロー研ジャパン・オフィスを作りたいこと、業務として、モンロー研ツアーを企画し、日本人向けに現地でプログラムを開催することなどを伝えた。しばらくしてやってきたローリーから返答は、こちらの提案を歓迎するというものだった。そこから、具体的な詳細を詰める作業に入った。

ところがその段階で、先方の弁護士がクレームをつけてきた。資本的に無関係の二つの団体が、一方が他方をジャパン・オフィスと呼ぶのは問題があるというのである。つまり、私が作ろうとしている会社と、モンロー研は資本上も経営上もまったく別の組織であるので、それをモンロー研ジャパン・オフィスと商標するのは法律上問題が生じる可能性があるというのだ。それだけではない。モンローという名前をこちらの会社名の一部にも入れられないと言うのである。

これにはどうすることもできなかった。ローリーもそれに従わざるを得ないと言う。

アクアヴィジョン・アカデミーの設立

こういう紆余曲折があった後、２００５年2月にアクアヴィジョン・アカデミーという会社を設立した。この会社の目的・使命は単純、明快である。モンロー研とヘミシンクを日本に正しく広めていくことである。そのために以下の活動を行なう。

① 日本人対象のモンロー研プログラム参加ツアーの企画、実施
② ヘミシンクを体験するセミナーの開催
③ ヘミシンクCDの宣伝・販売

ここで①は、米国のモンロー研で開催されるプログラムの中の、ゲートウェイ・ヴォエッジと呼ばれる入門プログラムに参加するものである。日本人を対象としているので、参加者は全員が日本人になる。ただ英語ができなくても困らないようにするのがポイントである。つまり、プログラムはあくまでもモンロー研のアメリカ人トレーナーが指導するが、私と植田が通訳を行なう。私はアメリカで10年間働いていたので、通訳という点については問題なかった。さらにヘミシンクを聴くセッションも日本語で聴けるように工夫した。

こうして2005年6月に第1回のツアーを無事終了することができた。その後、さらに9月、12月、2006年の6月、9月、11月にツアーを行なった。2007年も6月に続き、9月、12月の3回を予定している。

参加された方々の多くは、以前からモンロー研に行きたいと思っていたが、英語ができないので半ばあきらめていたという。それが日本語で参加でき、夢のようだったと喜んでいただけた。中には2度参加された方も2名いらっしゃった。

2006年の4月には、ゲートウェイ・ヴォエッジ卒業生を対象とするプログラムである

ライフラインを日本人を対象として開催することができた。２００５年の３回のゲートウェイ・ヴォエッジ参加者の中から選りすぐりの24名が参加された。

こんなに早い段階でライフラインを開催できるとは、私としても夢のようだった。すべてがこちらの予想を遥かに上回るペースで展開してきているというのが実感である。

さらに２００７年の４月には熱海でライフラインを２度開催した。熱海湾が一望できる「あたみ百万石」というホテルのテラス棟の２階と３階部分を借り切り、トレーナーにフランシーンを呼んで行なった。次はエクスプロレーション27（X27）をやってほしいという声に応え、２００７年11月に熱海で２度行なう。

モンロー研究のコントロールルームで。
著者と植田睦子氏（手前）

これは『死後体験』でお話ししたが、フォーカス27のさまざまな機能を詳しく探索するためのプログラムである。フォーカス34・35も何度か訪れる機会がある。

X27に参加すると、いよいよスターラインズへの参加資格が得られる。フォーカス49やさらに先へ行くプログラムである。『死後体験Ⅱ、Ⅲ』で解説したが、宇宙内のさまざまな天体を探索し、地球外生命体とコンタクトしたり、自分の分身たちを体験できる。

ライフラインに参加された日本人の多くの方が、実はスターラインズに参加したいがために、その前にあるプログラムを順に受けているのである。その熱意には感心させられる。

アクアヴィジョン・アカデミーは、モンロー研ツアー以外にもいくつかの活動を行なっている。それらについて紹介したい。

ヘミシンクをいっしょに聴く

ヘミシンクはCDやテープという形でモンロー研（正しくは関連会社のモンロー・プロダクツ）から販売されているので、それを購入すれば、自宅でも体験することができる。

特に、ゲートウェイ・エクスペリエンスという全6巻のシリーズは自宅でヘミシンクを基礎から学ぶための独習用のものである。それぞれの巻はCD3枚から成り、全部でCD18枚である。フォーカス10、12、15、21を体験的に学ぶことが可能である。

ただし、自宅でひとりで聴いていても今ひとつ体験がはっきりしない、よくわからないと感じる人も多い。私の場合も、モンロー研へ行きゲートウェイ・ヴォエッジに参加するまでは、自宅で聴いていても、効果はうまく把握できないことが多かった。特に、どういう体験を期待したらいいのか、よくわからなかった。

そういう問題をある程度解決するために、アクアヴィジョン・アカデミーでは、みなでいっしょにヘミシンクを聴くセミナーを定期的に開催することにした。場所は、新幹線や羽田空港からのアクセスを考えて東京の品川のオフィスで行なっている。そこで丸1日ヘミシンクを聴く。オフィス・スペースの関係上、参加者は毎回12名に限られる。これまでに2年近く行なってきたが、このセミナーはこちらの予想を超える成果があることがわかってきた。参加者の多くが、何らかの形でヘミシンクの効果を体感するのである。

それは、肉体以外の体（エネルギー体）のちょっとした振動の体験であったり、ガイドからメッセージをもらう体験だったりする。中には宇宙旅行に行ってきた人もいる。

このように自宅で聴くよりも効果が現れやすいのにはいくつかの理由が考えられる。まず我々ふたりが直接詳しく説明するので、参加者はヘミシンクとその効果について、何を期待したらいいのか、短時間に正しく理解できる。誤解や変な期待は少なくなるのである。

たとえば、一番多い誤解は、ヘミシンクを聴けば、体外離脱できるというものだ。

実はヘミシンクを聴いても、狭義の意味での体外離脱はめったに起こらない。ここで狭義の体外離脱とは、肉体から自分の主体が抜け出て、肉体の外に存在することを実感する体験を言う。これについては後で詳しく説明したい。ヘミシンクで通常起こるのは、もっと広い意味での体外離脱である。意識の拡大と表現してもいい。意識・知覚が広がることでいろいろな非日常的な体験が起こる。それが真のヘミシンク効果である。

ヘミシンクを聴けば体外離脱（狭義の）できると思って独習している人は、体脱できないので、効果がないと思ってしまう。そういう人は、体外離脱以外のさまざまなことが起こりかかっているのに、そういうことには関心がないので、気がつかないのだ。あるいは、体験を意味のないものとみなしてしまう。このセミナーでは、ヘミシンクが意識・知覚の拡大を起こすことと、それに伴ってどういう現象が起こるかについて詳しく説明する。そのため効果が出た場合に、それが把握されやすいのである。

自宅で聴くよりも効果が出やすい理由の2つ目は、ヘミシンクをみなでいっしょに体験することにある。

他の人たちの体験を聞くチャンスに恵まれるので、自分がまったく注意を払っていなかった事柄にも注意を払えるようになる。たとえば、ある人は映像が見えることばかり期待していたのが、体の感覚での体験を話す人がいたら、次から体の感覚にも注意を向けるようになる。こういった具合である。いっしょに聴くことの効果には、グループのエネルギーに乗っていくということもある。グループ・エネルギーというのは、目には見えないが確かにある。皆が共通の目的の下、思いを一致させて行動することが、エネルギーを生み出すのである。それが、それぞれを手助けする。

3番目の理由は、丸1日、朝から夕方までヘミシンク漬けになることがある。長時間雑念を払い、それだけに集中していくと、今まで感じられなかった非物質的なことに敏感になってくるのだ。

品川でのセミナーは、今のところ、次の3つのタイプを行なっている。

フォーカス10と12を一日で学ぶ「基礎コース」と、その受講者が参加する「時空を超える旅コース」、さらに「フォーカス21探索コース」である。「時空を超える旅コース」は、フォーカス15を体験し、自分の過去世を知ることを目的としている。

セミナーを開催して、大いに得るところがあった。実を言うと、始めた当初は、フォーカス10、12を毎回教えていると、そのうち、こちらも飽きるのではないかと心配していたのだ。基本は大切だが、それだけやっていてもじきに飽きるだろうと。スキーで言えば、ボーゲンばかりやっていても面白くないのと同じである。

ところが、フォーカス10、12というのは奥が深いのである。わかっていると思っていたが、そうではなかった。まだまだ知らないことばかりだと気がついた。スキーでボーゲンにすべての要素が含まれると言われるのと同じだと気がついた。

アクアヴィジョン・アカデミーでは、もう少し長めの滞在型セミナーも開催している。3泊4日の「ガイドとの邂逅《かいこう》」と「時空スペシャル」、4泊5日の「死後体験」セミナーである。これまでに那須《なす》、阿蘇《あそ》、熱海《あたみ》で開催してきている。

「ガイドとの邂逅」はフォーカス10、12、21を体験し、ガイドとの交信をめざすセミナーである。

「時空スペシャル」は、フォーカス15で過去世を体験するセミナーで、未来も見る。

「死後体験」は、フォーカス23から27までを体験し、死後世界を垣間見るセミナー。救出活動にもいそしむ。

こういう長めのセミナーの良さはいくつもある。

ひとつに、風光明媚な自然に囲まれた場所で行なうので、リラックスしやすい。

また体験が日に日に深まっていくので、1日のセミナーでは得られない体験が得られる。

さらに参加者が寝食を共にするのでとても親しくなり、それがいい効果を生み出す。

アクアヴィジョン・アカデミーはこういう活動を通して、ひとりでも多くの人にヘミシンクを体験していただこうと考えている。

そのために、我々2名では限界があるので、アクアヴィジョン・アカデミー公認のヘミシンク・トレーナーを養成することにした。15名の方々がこれまでに応募されてきて、今5名が養成期間を終了して、トレーナーになられた。その中のひとりにタイさんがいる。タイさんの事は、本文中でしばしば紹介する。

応募資格は日本人対象のゲートウェイ・ヴォエッジとライフラインに参加したことがあることである。

今後、多くのトレーナーたちが全国さまざまな地域でヘミシンクを普及し始める。より多くの人がより身近にヘミシンクを体験できるようになるだろう。

さらに、今後は東京・上野に、より本格的なセンターを作る計画でいる。ビルの地下室を借りて、そこにCHECユニットを15個設ける予定だ。

第4章　4回目のスターラインズ参加

この章では2006年3月4日（土）から3月10日（木）かけて開催されたスターラインズ・プログラムでの体験を記す。個人的にはこれで4回目のスターランズ参加になる。冗長《じょうちょう》になるのを避けるために、以下の記録は、新たに気付いた事柄や、めぼしい体験のあったセッションに絞ることにする。

トレーナーは前回同様フランシーン・キングとともリー・ストーン。参加者の中にモンロー研の研究部門の責任者であるスキップ・アットウォーター（註）が参加していた。参加者は15人。人数が少ないせいか、初回に感じられたような興奮は薄い。

翌3月5日（日）、3回目のセッションでは、地球コアを訪れ、そこにある結晶とフォーカス27のモンロー研にある結晶の間を往復する。ワンブレス・テクニック（一息法）で行かれるようにする。

註　2006年3月当時。現モンロー研の所長。

フォーカス12へ行く。そこから地球の内部へ。中心の結晶へ行く。黒と銀色、白の色から成る結晶が見える。多面体だ。しばらくそこにいる。途中で結晶が完全な球体になった。表面が黒っぽい灰色で金属光沢があり、そこに絵文字のようなパターンがいくつも彫られている。前に、どこかの星の表面に同じようなものを見たことがある。古代の文字なのか、どういう意味があるのか。

指示でゆっくりとC1へ。目の前に直径1〜2メートルの柱状のものが感じられる。急速に上へ行く。C1に戻る。

CHECユニットの中の自分の肉体がはっきりと感じられる。そこからゆっくりとフォーカス27へ。柱状のもののてっぺんにいて、そのまま上へと上がっていく。あんまりゆっくりなので、途中、別のことを考えていた。この柱状のエネルギーの通路は確かにある。フォーカス27の結晶に着いた。

結晶は縦長の楕円体（卵型）で、高さ2メートルぐらいだ。さっきのセッションでもそうだったが、今回のプログラムではどうも卵型に見える。白く透明で一部輝いている。効果音が聞こえ出した。この結晶は白身を帯びた金色で、暖かで、柔らかく、軽い。

みなで輪になって結晶を取り囲んでいる感じだ。しばらくいた後、指示でC1へ。さらに地球のコア結晶へ。この結晶は黒く、重く、硬い。27の結晶と対照的だ。

以前、母の感じがしたのを思い出し、そういう感じがあるか、感じてみる。確かに、母の感じもある。そこから、ワンブレス・テクニックでフォーカス27の結晶へ。また地球のコア結晶へ。何度か行き来する。

昼休みの後の4番目のセッションは、フォーカス34・35のおさらいである。このセッションの流れはこうである。

まずフォーカス27にあるモンロー研の結晶（これをホームベースフォーカス27と呼ぶ）と地球コア結晶の間を何度も往復した後、スリング・ショット法でフォーカス34・35へ行く。この状態を把握。参加者グループを把握する。

ここには人間ではない生命体が集まって地球生命系での変化を観察しているので、彼らと交信する。地球生命系を代表する大使として、彼らの生命系を見せてもらう。最初に得た印象は、たとえ論理的におかしくても、正しいことが多いので、どんどん取り込むようにする。

セッション開始前に輪になってレゾナント・チューニング（註）をした。その際「ユー」という声を出した。みなが輪になっておわん状になっているのが見える。さっきもそうだった。

5番目のセッションでは、フォーカス34・35へ行き、そこを体験後、27へ帰る途中で33を体験する。ここはローリー・モンローが発見したヒーリング・エネルギーの場だ。

註　レゾナント・チューニング。非物質のエネルギーを体内に取り組む呼吸法。詳しくは『ヘミシンク入門』p23）

向こうのモンロー研の結晶と地球コア結晶の間をゆっくりと往復しているときに、右側にもうひとり誰かが参加してきた。夢うつつの状態で、ちょっと挨拶を交わした。その後、34・35へ。真っ暗な宇宙空間。輪になってまわりに参加者たちがいるのが感じられる。すぐにみな思い思いの方向へ分かれていった。ここからエーリアンとコンタクトをすることにする。

「誰かいませんか?」

と聞いていると、目の前に明らかに何かがやってきた。金属の球だ。エネルギー体というよりははっきりとした金属の球だ。

「住んでいるところを見せてください」

目の前にトンネルが現れて、その中を進んで行く。ぬるぬるして透明なトンネルだ。少し行くと、どこかに着いた。何かはっきりとは把握できない。非物質のエネルギー体でできたところのようだ。

「ガス状のところで、エセリアル(エーテル体)状態での生命だ」と言う。

「ここで進化したのですか」

「以前からずっとこういう状態(フォーカス35)にいる」

「それはラッキーだ」と言うと、

「それなりに進化してきている。人間とは違う仕方での進化だ」

ここで指示があり、フォーカス27へ戻らないといけない。ずいぶん早い。

「どうやって戻ったらいい？」

「元いたところを思い描けばいい」

指示に従う。元の暗い宇宙空間へ戻った。ガイダンスはフォーカス33を探索するようにすでに言っているので、すぐに開始する。

ここはヒーリング・エネルギーの場だという。自分をヒーリングしようと思う。自分のまわりに白いエネルギーが表れ、まわりに充満している。

次いで家内のヒーリングをしようと思う。家内を思う。家内のような人が目の前に横になっている。そのまわりを白いエネルギーで覆う。球形に覆われたように見える。

次いで、母が現れる。何かゆがんだ顔をしている。ヒーリング・エネルギーで覆うように心に思い描く。指示でフォーカス27へ。向こうのモンロー研の結晶へ。

戸が開いて、そこに黒人女性が座っている。こちらをしっかりと見つめている。赤と青の縞のシャツを着ている。誰かはわからない。そのまま指示でゆっくりとC1へ帰還。


次の6番目のセッションでは、34・35でヴォイジャー8号に搭乗した後、船内を探索する。

34・35へ着く。真っ暗な空間が前に広がっている。指示でＶ８へ移動する。

目の前に大きな鳥のような形のエネルギー体が現れた。Ｖ８だ。白っぽい色だ。明らかに見える。指示で内部へ入る。暗い金色の枠組みが縦横に走っている構造内にいる。次第に詳しく見えるようになった。黒い透明の丸いテーブルが目の前にある。まわりに何人か人がいるようだ。指示で結晶にみなでエネルギーを送る。自分のリーボル（註）を広げてエネルギーを送る。突然、目の前の空間が明るく輝いて白っぽい黄色のエネルギーで満たされた。これには驚いた。

次に、指示で振り向くと、丸い輪のハンドルがある。これが個人用の探査機ポッドへの扉を開けるためのものだ。前にも音声ガイダンスの説明でハンドルがあるとは言われていたが、実際に見えたのは初めてだ。

ついで音声ガイダンスの指示で個人用の部屋へ行く。少し移動する。船の一等室のようなところに来た。床が板張りで、調度品も何となくアンティークだ。フランシーンがさっき言っていたシャワー室はあるか尋ねる。壁にさらに小さな部屋がある。そこなのか。しばらくすると、様子が少し変わって、または少し移動したのか、床が緑のじゅうたんで覆われた部屋に来た。ここのじゅうたんの感じは、ビリヤード台の表面のようにきめの細かい感じだ。ここにしばらくいる。

別の場所を見ようと思うと、指示が、動力室へ戻るように言う。

最初にいた部屋へ来た。まわりに何人か人がいるのが感じられる。どこでだか覚えていないが、フランシーンの声が聞こえた。指示で、ポッドに乗り、外へ。

指示で地球を見る。説明で太陽風か何かの中にいると言われたからか、何かの流れの中に球がある。左半分は流れの中にあり、右半分の球しか見えない。球自体も液体でできているかのように見える。

意識が移ったのか、地上の景色が見える。必死に地球を思うと、また見えてきた。

今度は球形で液体から成る。透明でクリアだ。また意識がドリフトしたのか、自宅の2階のホールのようなところが見える。どうもここの状態を維持するのは難しく、スーと別のところへドリフトしてしまうようだ。するとそこの様子が見えてくる。

自分のポッドを思うと、ポッド内へ戻ってきた。しばらくしてV8内へ戻る。指示でC1へ。


3月6日（月）、時差ぼけのため、小刻みに目が覚めた。というか、いやな夢を見ては目が覚めた。その後いつの間にか寝て、目覚めの曲で起きる。

夜中に目が覚めたときに、父に会おうとしてうまくいかなかったことを思い出した。父は2005年の8月に亡くなっていた。86歳だった。死んだ晩、ひとり病院内を歩いていると、ガイドたちがコンタクトしてきた。父をフォーカス27へ連れて行ったと告げてきた。

その後、忙しすぎてフォーカス27を訪れる機会がなかったため、父には会えずにいた。

ベッドから起きる前に、再度チャレンジすることにする。まずフォーカス27の結晶を思う。結晶らしきところへ着いた。ガイドに父に会いたいと言う。何度か、病院で寝ている父の姿

註　レゾナント・エナージー・バルーンの略称。外部のエネルギーの影響から自分を守るエネルギーの風船。防御シールドのこと。詳しくは『ヘミシンク入門』p38）

を見かけるが、うまくコンタクトできない。リハビリ中という印象を得た。フォーカス27の「癒しと再生の場」で寝ているようだ。

太陽系内探索

今日は朝から太陽系内を探索する。7番目と8番目のセッションの体験については割愛する。夕方の9番目のセッションは、太陽系内で自由行動。太陽系全体を見ても、個別の惑星を見てもいい。

V8。室内が比較的うまく把握できる。結晶にみなでエネルギーを送ると、淡く広がった。金星に生命体がいるか調べることにする。何かいないか、声をかけてみる。暗い空間に白っぽい薄いオーロラのようなものが現れて、流れる。次々と消えては現れる。交信をする。エネルギー体の生命体だ。

「我々人類との関係は？」と聞いてみた。

「あなたたちは子孫のまた子孫だ」

この生命体の一部がはるかな昔に地球に行き、進化した。この生命体はプレアデス星団の生命系とつながっていて、そこから来た。いまでも行き来はあるらしい。

次に太陽系全体を見ることにする。

宇宙空間に星がいくつも見えるが、特に太陽系かどうかはわからない。青白いエネルギーが動きながら流れていく。いくつも、そういう流れが見える。それは、知性、生命の源だ。あらゆる生命体、人類のＤＮＡ情報のようなものを含んでいる。すべての可能性を含んでいる。Ｖ８へ戻る。参加者のキャシーが体験したという、ヒーリングの部屋へ連れて行ってもらうことにする。ドーム状の部屋に来た。天井がガラス張りなのか、暗い空間が見える。向こうに４、５人が並んでいて、お辞儀をした。中国人という印象を得た。中空に浮かんでいるデスクの上に寝る。時間がないので、体の悪いところを短時間で治してくれるとのこと。足のほうから何かが始まったが、そこで帰還指示が来た。ヒーリングはすぐに終わった。Ｃ１帰還。

今回わかったことをまとめる。

１　金星にはエネルギー体の生命体がいる。
２　人類は彼らの子孫の子孫。
３　彼らはプレアデス星団の生命系から来た。今でもつながりがある。
４　宇宙空間には青白いエネルギーがそこかしこに流れている。
５　それは、知性、生命の源であり、あらゆる生命体、人類のＤＮＡ情報のようなものを含んでいる。すべての可能性を含んでいる。

夕食後のミーティングでのこと。フォーカス42についての説明の際に、フランシーンがおもしろい話をした。彼女がまだ若いころのこと、何かの存在と交信できるようになっていた。そのころは、どこか別のところへ連れて行かれて、ある建物の中で交信していた。そのうちにそれがアークチュルス星人だということがわかった。あるとき物質的な形で現れてくれとお願いすると、それは可能だと言う。

それから数ヵ月経った1972年のある日、何かの感じがして、夫といっしょに車で郊外へ行った。すると光り輝くUFOがやってきた。中から誰も出てこなかったが、「地球へようこそ」というメッセージを送った。数日後、同じ場所へ友人と行くと、今度はプローブ（探査機）のような機械が3台やってきた。

彼らは自分にとって遠い親戚のような存在で、相互の補助のためにやってくるのだ。彼らは自分のI・TやI・Tクラスターのメンバーである。

このプログラムではI・Tのメンバーや、I・Tクラスターのメンバーとつながるためにフォーカス42まで行く。フランシーンによれば、ET（地球外生命体）との交信には、テレパシーや手のシグナル、フォスフィン（Phosphenes、目を閉じて現れるパターンのこと、など）が有効だという。欧米の麦畑に突如現れるクロップ・サークル（ミステリー・サークルとも呼ばれる）もETからのメッセージだという。

ケンタウルス座アルファとシリウス

10番目のセッションでは、V8に乗り、フォーカス42へ行き、ケンタウルス座アルファとシリウスを探索。そこにいるかもしれない自分のメンバーと交信する。あるいは、シリウス星人の可能性を探索する。シリウス星人という表現は、本当にシリウスに我々のような人がいることを意味しているのかもしれないし、単なる比喩かもしれない。これを探究する。

V8内へ着く。結晶にみなでエネルギーを送る。一部が青白く輝いた。全体に広がる。ゆっくりとフォーカス42へ。またスパゲッティ状のものが見えてきた。I・Tクラスターだ。薄茶色をしている。スパゲッティの間はかなり隙間がある。よくよく観察すると、左側に大きな球形のものがあり、その表面がスパゲッティで覆われているようにも見える。一箇所穴が開いているように見える。

V8でケンタウルス座アルファへ。右手へ移動。

生命体に会いたいと思う。しばらく真っ暗な空間が見える。そこに青白い網状のものが見える。生命体なのか、コンタクトを試みるがうまくいかない。

よく見ると、それは網状のトンネルで向こうへ伸びているのだ。

その中へ入っていくことにする。どこかで誰かがピンポンと言っている感じだ。別のI・Tメンバーのいる箇所へ伸びる意識の糸なのだ。ぐんぐん先へ進んでいく。

しばらく行くと、広い場所へ出た。そこは薄暗い中に青白い線状のものが縦横に走り、表面に突き出た部分があり、要するに見たことがない場所だ。これらは何かの生命体なのか。わからない。さらに移動すると、もう少し広い場所に出た。

黒い生命体が数百、上空を移動していく。遠すぎて形までは見えないが、魚の群れといった感じだ。

青白い空間。何かの液体で満たされた空間で海のようなところだ。底から上へ伸びているような生命体もある。植物のようなものか。さまざまな形をしていて、地球上で見られるものとはまったく異なる。ここはどこかの惑星なのか。何かの体内のような感じもする。地表？にひだが見えるのでそう思ったのかもしれない。

指示がシリウスへ移動するという。

この場を離れると、もう少し広い場所が見え、この全容が見えた。何か大きなものの一部内にいたのか。さらに離れる。ただ星全体は見えない。

シリウスへ着く。知的生命体に会いたいと思う。何かが見える。惑星の表面にいるのか。何かの廃墟のような通路が見える。通路の上は空いている。つまり、U字溝のような形だ。交信開始。ただ、イマイチ確信が持てない。

「ここは別の生命体の造った文明の廃墟。我々は非物質で、この惑星の内部に住んでいる」

そこへ移動。

大きな空隙《くうげき》へ。まわりは茶色の岩?で覆われている。柱状（自然の）の岩が何本か見える。この空隙は見た目には数キロ四方はある。特に生命体は見えない。

指示がV8へ帰るように言う。

「確信が持てない」と言うと、

「いずれうまく把握できるようになる。またお会いしよう」と言われた。

V8へ。船内は驚くほど鮮明に見える。30〜40名の人がいる。何だかバイキングシップのように細長い。幅が4、5メートルしかない。人がひしめき合っている。

船の先頭のほうへ来る。フランシーンを探す。

「目の前にいるわ」とフランシーンが言った。

「本当？　でもうまく見えないよ」と答えた。C1へ帰還。

ここで得た知見をまとめる。

1　ケンタウルス座アルファのそばの惑星?の海?にさまざまな形の生物が住んでいる。地球では見られない形をしている。

2　シリウスのそばの惑星には文明の廃墟がある。

3　それとは異なる非物質の生命体が惑星内部に住んでいる。

翌3月7日（火）、52歳の誕生日。

フランシーンがI・Tクラスターの説明をする際に、興味深い話をした。

ある朝起きたらカリフォルニアにいる別の女性の体の中にいた。そのまま起きると、その女性の夫が、今晩パーティーをすることについて話し出した。会話が変なふうになりそうなので、まだうまく目が覚めていないと言って、ベッドへすぐさま戻った。その後、もう一度目が覚めると自分に戻っていた。この女性はおそらくフランシーンのこの地球上に住むI・TメンバーかI・Tクラスターのメンバーだろうとのことだ。フォーカス42の視点から見ると、さまざまな星に自分のI・Tクラスターのメンバーがいる。

プレアデスとKT95

11番目のセッション、アークチュルスとプレアデス星団の探索。


V8。みなでエネルギーを結晶に送ると、黄色のエネルギーがどんどん広がって船全体を覆った。フォーカス42へ。籠状のものが見えてきた。スパゲッティでできている。薄茶色。I・Tクラスターだ。

移動開始。ディープスペース(深宇宙)にいる。真っ暗な空間に星がいくつも見える。透明で、黒さが深い。本当に宇宙の真ん中にいる。

アークチュルスへ。知的生命体に会いたいと思う。目の前にチューブが現れた。茶色のチューブで腸内のような感じだ。前へ進んでいく。どこまでも続く。そのうち、まわりは青い海の中になった。しばらく行くとチューブがばらけて、外へ出る。青い海の中。青い海草のようなものが多数立っている。波に揺らいでいる。他にも多数生命体が動いているのが見える。動物のようだ。

「これらは肉体を持った生命体でまだ進化がそれほど進んでいない状態にいる。我々は非物質の生命体だ。はるかな過去から物質での形をとって進化してきたが、今は肉体を離れている」

「それではそうやって進化するのか」

「だから、他の天体へ行って肉体をとって進化する。地球に行った生命体もいる」

声はさらに続けて、

「前に来たときに言ったが、肉体を頻繁に代えてここにいる生命体もいる」

「私はここから来たのか」

「いや、プレアデスだろう」

「え！」

意外な答えに驚いた。音声ガイダンスの指示がここを離れるように言っている。

「どうもありがとう、もう行かなければ」

「いつでもまた来なさい」

V８へ移動。まだ海の中の様子が見えている。意識をV８内へ集中する。

指示でプレアデス星団へ移動する。知的生命体と会いたいと思う。

目の前に例の渦が現れた。白い線と青い線から成っている。それが回転している。ひとつではない。2つ3つ現れた。なぜか彼らに親しみを感じる。はるかな昔に別れた父親という印象を受けた。

「私はここから来たのか」

「そうだ。ボブ（ロバート・モンローのこと）がKT95と呼んだのはここのことだ。彼が抜けた穴を見せよう」

ひまわりの花のようなものがいくつも並んでいる。いくつか抜けたところがある。これが彼が抜けて、残していった穴か。

「ボブが抜けた後、うわさが広まって、ついていったのが何人かいる。そのひとりがあなただ」

「でも、プレアデス星団はとても若いんじゃないですか。私は60億年前に大きなものから分かれたと言われたが」（『死後体験Ⅱ』p160）

「時間はそれほど意味を持たないのですよ。ここから出て、あなたは60億年前の時間へ行き、そこで岩石から体験した。さまざまな物質的な生命体を体験して、人間になった。ボブはすぐに人間になった」

「ずいぶん近道を取ったんですね」

「彼は気が短い質《たち》だから。でも、こうやってあなたはやっと戻ってきた」

「ここが大きな元ですか」

「そうだ。ここから分かれていった」

何だか、すべて自分が想像しているのではないかと不安になってきた。

「そのうちわかりますよ」

映像も消えている。渦を見ようと思う。しばらくしてまた渦が見えてきた。ここで指示があり、V8へ帰還する。少し混乱している。ボブのKT95はプレアデスのことなのだろうか。自分もそこからきたのだろうか。さらにC1へ。


モンロー著作の3部作にはKT95と呼ばれるところが何度も出てくる。『究極の旅』(3部作の3番目)によれば、KT95は太陽系外にある、彼の原初の故郷である。そこはエネルギーの渦たちが輪を描きながらスキップしていつまでも遊んでいるところだ。物質ではない存在たちである。モンローはそこでの繰り返しばかりの暮らしに飽きてしまった。「旅行者」として、自分たちとは違う実在を見学に来て、人類に興味を抱くようになったらしい。その結果、人間体験にはまってしまい、地球生命系で輪廻を繰り返すことになってしまった。自分がどこから来たのかをすっかり忘れてしまったのだ。

今回、KT95はプレアデス星団だと言われた。ただプレアデス星団には数百個の星がある。前回の訪問時に言われたが、この中には純粋に非物質的な生命体の住むところから、物質的な側面も多く持つ生命体の住むところまでさまざまなところがある。だから、KT95はプレアデス星団というよりも、その中のどこかと言ったほうが正確だと思われる。

この話の確証を得ようと思い、別の機会にモンロー研に行った際に、モンロー研の人たちに聞いてみた。KT95がどことは、本には書いてないが、身内にはこっそり何か言っていた可能性があるからだ。フランシーンと副所長のダーリーン・ミラー、研究部門の長であるスキップ・アットウォーターがたまたまいっしょにいたので、尋ねてみた。

「モンローは本には書いてないけど、KT95がプレアデス星団だとか言ってませんでしたか」

「そういうことは聞いてないな。モンロー自身、KT95がどこなのかはわかっていなかったんじゃないの。太陽系外ということ以外は」

とスキップが答えた。他の人たちも同意した。ということで残念ながら、この確証は得られなかった。次に、モンローが残した穴を見せられたということは、傍証ぐらいにはならないだろうか。穴については、実は『魂の体外旅行』（P303）に出てくる。BBというモンローのKT95時代からの友人が、KT95に戻ったら、モンローの抜けた穴があったというのだ。

このセッションで学んだ事柄をまとめる。

1　アークチュルスのそばの惑星の海の中にはそれほど進化の進んでいない物質的な生物が多数いる。

2　非物質の生命体もいる。彼らは肉体をもって進化してきたが、今では肉体を離れ、地球などの他の天体へ行ってそこで進化している。

3 彼らの中にはこの惑星で肉体を頻繁に代えて、ここにいる生命体もいる。

4 モンローと私はプレアデス星団から地球へやってきた。ここはモンローの呼ぶところのKT95だ。

5 前回の訪問時に言われたが、プレアデス星団には純粋に非物質的な生命体の住むところから、物質的な側面も多く持つ生命体の住むところまでさまざまなところがある。

オリオン座の星々

12番目のセッションは、オリオン座の星々やオリオン星雲を探索した後、ローカルバブル内で自由行動である。

V8内へ。I・Tクラスターが見える。今回はその内部にいる。まわりにスパゲッティのようなものがある。

移動。オリオンへ。何かが見えてくる。うまく把握できない。知的生命体に会いたいと思う。

「物質的なものか、非物質がいいか」

と聞かれる。今回は物質的な生命体にする。

しばらくすると、細長い白いチューブ状のものがいくつかからまっているのが見える。外側に黒い窓のようなものが点々とあり、まるでイカの足のようだ。それとも何かの列車のようなものなのか、建物なのかわからない。

「人類がこのまま何百万年も進化したらどうなると思いますか」と聞かれた。想像がつかない。肉体を改造して永遠に生きられそうだ。それよりも、非物質界とつながって肉体を必要としなくなるか。ここはそういうところらしい。

しばらく、このチューブ状のものを見ている。横向きのが見えたり、縦に盛り上がっているのを見たりした。そのうち、地上のほうに何千人と人のようなものが立っているのが見える。もっと近寄って個別に見たいと思うが、できない。

「個体はつながっているんですよ」と言われた。サンゴのようなものか。

ここでV８へ帰還信号。ついで、オリオンから戻り、ローカルバブル内で自由行動。I・Tクラスターを探索することにする。

しばらくすると、白い、淡いパステルカラーのような液体金属のような、流体の中にいる。ここがI・Tクラスターの中心部なのだろうか。柔らかく、やさしい感じだ。

なぜか突然、隣りにふすまが現れた。その向こうが気になり、開けると、そこでは宴会が進行中だ。日本人たちがいる。しばらく見ていると、やくざのような風貌の、柄の悪い人が何か怒鳴ったので、あわててふすまを閉めて、こちら側へ戻った。

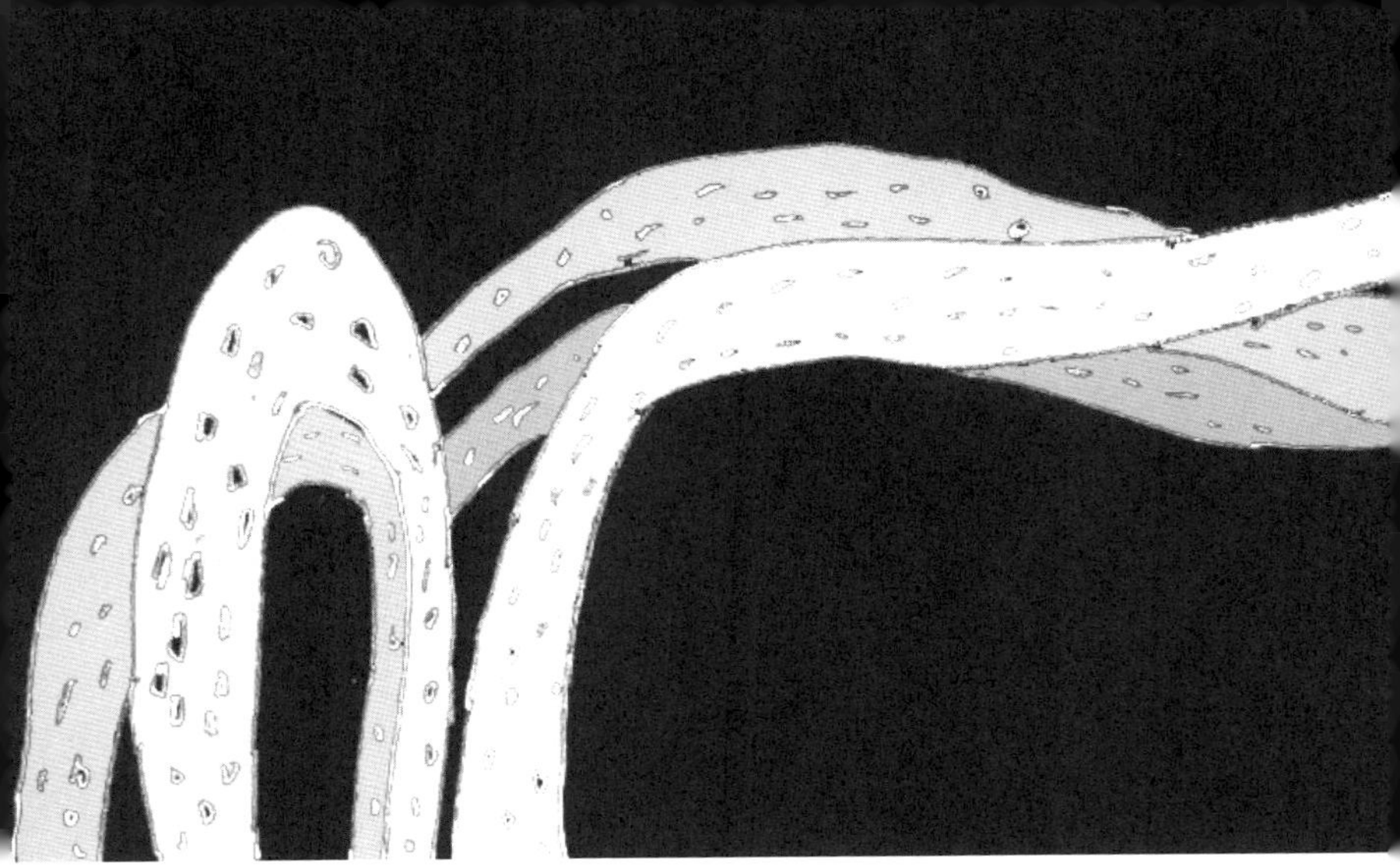

オリオン座で見た筒状構造。人類がこのまま何百万年も進化したら、こうなるらしい。

I・Tクラスターのメンバーの意識の中へ入っていたのか。

その後しばらく、ぼーとしていた。ここはあんまり気持ちがよくて、ついついドリフトしてしまう。ついで、ひとつのチューブの中を先へ行く。パン工場で数人の人が働いているが見えた。来た道を戻り、中央部へ。

またチューブがあり、内部から先の様子が見える。どこかの部屋だ。船の中か。

そこへは行かないことにする。この場所は気持ちがいい。指示でV8へ帰還。

しばらく体験を思い出してから、C1へ帰還。

ここでの知見をまとめる。

1　オリオン座のどこかの星のそばの惑

星?には物質的な生命体の文明がある。この個体はすべてつながっている。人類の文明がそのまま何百万年も進化した状態だという。

13番目のセッション、宇宙ステーション・アルファ・スクエアード

V8内へ。さらに42へ。そこで宇宙ステーション・アルファ・スクエアードに行く。巨大な塊が見えてきた。それは横長で、薄ピンク色をしている。これが宇宙ステーション・アルファ・スクエアードだと思われる。

中へ入る。タイル張りのようなつるつるした床のホールにきた。他に10名ほど人が見える。はっきりした人間の姿というよりもエネルギー体だ。

さらに自分の個室へ行く。金色と黒の調度品が並ぶ豪華な部屋へ来た。

隣りのメモリー・ルームへのドアがあるというので探す。白いドアが見える。中へ。ここは上に真っ暗な空間が広がり、プラネタリウムのような感じの個室だ。仰向きに寝たままでいい。すごく感じのいい部屋だ。自分の歴史を見せてくれるという。リラックスしてしばらく待つ。すると、映像が見え出す。矢のようなものが、向こうからこちらへ、数百本次々に飛んでくる。戦いなのか。

ただ、これがいつまでも続くので、勝手に解釈するのはやめることにする。

武者の集団が見え出した。数百人から千人規模か。やはり戦いの最中のようだ。

ただ、例によって詳細は見えない。またかと、イライラする。しばらくして何も見えなくなった。

すこしボーっとしていると、鎧兜《よろいかぶと》姿の少年が見えた。ルークつる伊東という名前だと言う。はっと我に返る。変な名前だが。ここから先はそれ以上、続かなかった。

メモリー・ルームから出る。Ｖ８へ帰還。Ｃ１へ。

15番目のセッション、フォーカス42で自由行動。

Ｖ８内へ。さらに42へ。42に近づくにつれて、例の籠状の構造が見てきた。薄茶色でスパゲッティのようなもので構成されている。Ｉ・Ｔクラスターだ。

次第にはっきり見えてくると、色も薄茶から濃茶色になった。向こうのほうへずっと続いているのもわかる。なんだか大きな木の幹のような形をしている。つまり数本枝が外側へ伸びている。

宇宙ステーション・アルファ内へ。さらに個室内のメモリー・ルームへ。それふうの様子は見えないが、ここで、記憶を見せてもらう。

「自分に最も影響している過去世を見たい」

そう言う。

よくわからない映像が始まる。しばらくわからないが、そのうち、緑の草原に千人規模で人がいるのが見える。武者だ。馬に乗っている人もいる。時代と国はわからない。そこまではっきりしないのだ。馬に乗った武者の一群が全速力で走る。初めは十字軍という印象だが、白っぽい服装で、ヘルメットはかぶってなさそうなので、イスラムのようにも見える。しばらく戦闘シーンが続く。

次いで、砂漠に人の集団がいる。これは武者ではなく、普通の人だ。子供が向こう向きに歩いて行く。親の後を追っかけていくのか。どうもそれが自分のように思える。その後、またよくわからない映像が続く。わかるようにしてくれと頼むが、変わらない。どうも自分に原因があるらしい。それなら、その原因をなくす方法を教えてくれと頼むがわからない。

指示でV8へ。さらに35へ戻る。そこにしばらくいてからC1へ。がっかりした。

翌3月8日（水）、明け方、うとうとしていると、誰かに言われた。

「生命エネルギーには男性的側面と女性的側面があり、その結合が創造的エネルギーになる」

確かに生物でもそうだ。人間の場合、性的な結合で悟りを得ようとする教えがあるが、これとどういう関連があるのだろうか。ピラミッドは生命エネルギーの増幅装置だと考えられるが、その場合、この考えをどう当てはめたらいいのだろうか。

I・Tクラスターとの一体化

16番目のセッション、フォーカス42で自由行動

V8に着く。部屋の上から下を見下ろしているのか、楕円形のテーブルとそのまわりに人がぎっしりと座っている。人は何だか切り絵のように見える。

しばらくすると、見えなくなり、ほとんど真っ暗になった。結晶にエネルギーを送った後、ゆっくりと42へ。例の籠が見えてきた。I・Tクラスターだ。

茶色の線でできている。網目状で、蜂の巣状と言ってもいい。そこまで規則的ではないが。隙間が大きく、向こうが真っ暗だ。籠の中にいて外側を見ているような感じだ。この網構造は大きく、はるか向こうまで続いている。

42に着いた。この網状のものはずっと向こうまで続いていて、その先にスタジアムのようなものが見える。スタジアムとの関係をもっと確かめたいが、今はやめる。

「今回は何をしたらいいのか、指示に従います」と言う。しばらく待つ。目の前に網状構造が見えている。メモリー・ルームに行かないといけないのかと思っていると、

「ここがメモリー・ルームです」と言われた。そう言われてみれば、上が黒く広がっている。どうもこの網状構造I・Tクラスターを調べる必要があるらしい。

「そうです」

その中へ入っていく。次第に網状構造は薄い色になった。

「自分がどこから来たのか思い出しなさい。プレアデス星団で渦だったその前のことです」と声が言う。

I・Tクラスターと一体だったときのことだろうか。うまく思い出せない。どうやったら思い出せるのか、わからない。必死になって思い出すが、できない。

どうも頭で把握しよう、目で見ようと必死になっているのではだめだと思い、リラックスし、全身で把握するようにする。頭を使わないようにする。

いつの間にか網状構造はなくなり、柔らかい感じの空間にいる。その中で思い出そうとする。ここと一体だったときのことを思い出そうとする。

「自分と他を区別する壁があると、ここと一体になれない」と声が言う。

どうやったらその壁を取り除けるのだろう。それは自分でわからないといけないのか。思い出そうとするがうまく思い出せない。こういう状態でたぶん10分ぐらいいたと思う。

気が付くと何かプールのような部屋にいる。青っぽい液体に首まで満たされているようだ。一瞬、泳いでいる自分が感じられた。

次第に体は液体の中に入っていく。このまま仰向けになったまま後ろに倒れ、頭を液体に沈めれば中に入れそうだ。やってみる。すると、自分が液体全体に沈み込み、目（アイ、愛）だけになった。自分が全体の一部になった。目だけの自分。全体の一部だが、まだ個はある。ただ全体の中にいる一部だ。

白っぽい液体でできた球が見える。その一部が自分で、一部である自分が何かを思うと、そこを中心として同心円の波がいくつも全体へ伝わっていく。

これはこの状態をうまく表している比喩だ。つまり、自分の思いは全体へすぐに共有されるのだ。自分が笑えば、全体も笑う。

ここは水の中のように静かで穏やかだ。何も心配する必要はない。指示が帰還するように言っているが無視する。遠い昔、こういう状態だったのか。思い出したというより、今体験している。大きな全体の中で泳いでいる小さな一部だ。

男性的なアンドロメダ銀河

17番目のセッションは、イントロフォーカス49。42で宇宙ステーション・アルファ・スエアードに乗り、49へ。ここで名前が宇宙ステーション・アルファX（SSAX）となる。

フォーカス49。よく把握のできないものが見える。

次第に、網状のパターンが表面に見えてくるが、全体はよくわからない。I・Tスーパークラスターの一部を見ているのだろうか。次いでアンドロメダ銀河を観察する。

黒い背景に、白い細い線でできた渦が回転している。

「こんにちは」と声をかけると、しわがれた男性の声が何かを言い出した。誰かにふたり目が生まれたとかそんなことだった。その辺から少しうとうとした状態になったようだ。アンドロメダが男性で女性と抱き合っているような、キスをしているような映像が見えた。

我に返り、以前行った地球そっくり惑星を訪れることにする。緑の山と、緑の草原が広がっている。ところどころ家が見える。自分の分身のところへ行くことにする。室内にいる。左手と向かいがガラス張りだ。床におもちゃのようなものが散乱している。どうも小さな妹がいるようだ。白壁の部屋だ。次いで、男性の姿が見える。顔がはっきりと見えた。東洋人で口が大きく野卑《やひ》な感じがする。顔がさらに醜くなった。どうもその後またうとうとしていた。35へ帰還指令。従う。C1へ。

後で思ったのだが、アンドロメダ銀河が抱いていた女性はたぶん、我々の銀河系ではないのだろうか。以前銀河系と話したときに、銀河系は女性だった。彼らは愛し合っているのかもしれない。銀河にも男女があるのだろう。アンドロメダ銀河が男性で、我々の銀河系が女性というのはありえることだ。質量から言っても、アンドロメダ銀河は銀河系の1・5倍ほどある。

フランシーンが言っていたが、後10億年ほどすると、アンドロメダ銀河と我々の銀河系は

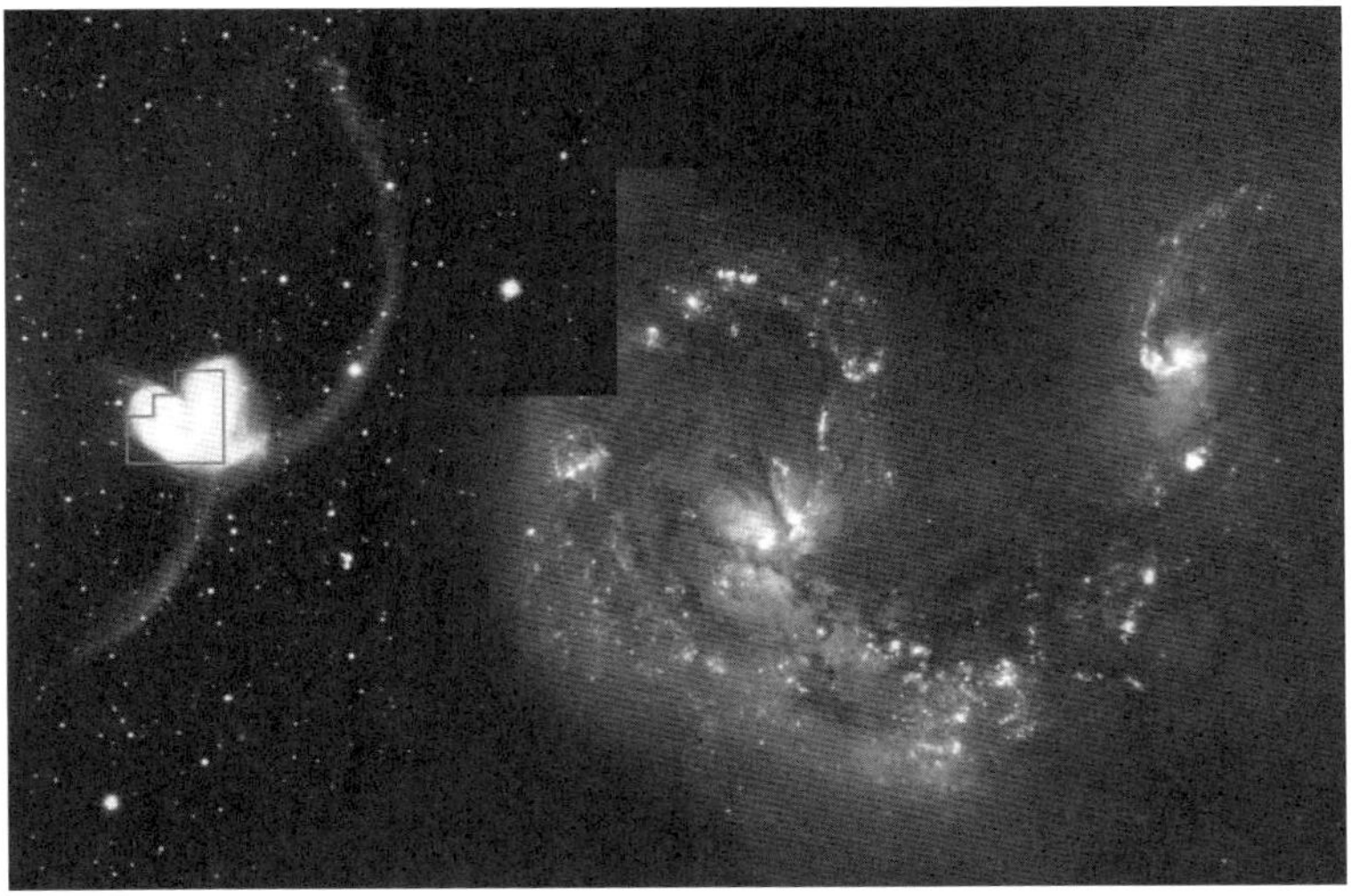

上の写真は、ハッブル宇宙望遠鏡がとらえた6300万光年かなたの「触覚銀河」。銀河同士の衝突でその中心部はハート型に。ハートの内部では、多くの星が誕生している。(右写真が中心部の様子)

衝突するとのことだ。フランシーンはこれをMating(つがいになること、結ばれること)だと言ってたが、本当かもしれない。単なる物理的な衝突ということばかりではなく、そこには男性的エネルギーと女性的エネルギーの結合ということがあるのかもしれない。誰かに子供ができたというは、どこかの銀河同士の衝突で小さな銀河が生まれたことを言っているのだろう。宇宙では銀河同士の衝突は頻繁に起こっている。衝突の結果、合体して大きな銀河になったり、いくつもの子銀河が生み出されたりする。

銀河も我々人間と同様に、生命エネルギーの表出である。生命エネルギーには男性的な側面と、女性的な側面があって、その結合が創造的なエネルギーとなるのだ。

これは地球上のさまざまな生物に見られる真理だが、そこだけに留まらず、銀河など、宇宙のあらゆる存在すべてに通じる真理なのだろうか。

銀河の性別を外見の何らかの特徴で見分けられないだろうか。それができるようになり、衝突する２つの銀河の性別が判読できて、すべてが男女だということが証明できると、今の科学を根底から覆す発見になる。

ピラミッドの秘密

19番目のセッション、フォーカス49で我々の属する超銀河団内で自由行動49へ。しばらくすると、暗い中に無数の光の点が一面に並んでいるのが見える。光の点が線でつながっている。線が一点を中心として上向きに巻きあがって、花のような形になった。

おとめ座銀河団へ行こうと思う。なかなかそこへ行かれないでいると、目の前に下へのトンネルが現れた。もうすでに足はその中に入っているので、下向きにトンネル内へ入っていく。すぐにどこかへ着いた。そこはどこかの惑星の上だ。ニューヨークのような高層ビルがいくつも立ち並ぶ都市だ。

ふと見るとその中にピラミッドがある。興味を引かれ、そこへ向かう。そばに行くと、ふたりの男性が座禅のポーズで瞑想している。ひとりは頭がツルツルに禿げ、頬が少しこけて、いかにも高僧という風貌をしている。

そうだ、ピラミッドの原理について教えてもらおう。

ここから以下、実際には会話の形で情報を得たが、結果をまとめて書くことにする。

「ピラミッドは瞑想者が生命エネルギーを瞑想でてっぺんから内部へ流し込むことで機能する。中へ入ったエネルギーはピラミッドの形によって、何度も内部で反射され増幅される。このエネルギーは適切な場所に置かれたコイル内を通すことで、電磁誘導と同じやり方で、電流に変換される。つまり電気エネルギーとして取り出すことができる。

形が重要だ。増幅率が大きく異なる。先ほどから液体のようにぬるぬるしたピラミッドが見えると思うが、内部を液体で満たすと効率が上がる。が、その必要はない。

表面の材質は金属や石英のようなものでよく、重要な点は表面の精度。正確にある角度にし、表面の粗さが少ないほうがいい。

地球上での位置は、緯度19度いくらがいい。この位置はネットでも出ているが、地球自体が生命エネルギーの増幅器の働きをしていて、その角度から大きなエネルギーの流れが出ているので、その場所にピラミッドを作ると、効率がいい。ピラミッド自体は大きいほどいい。

人間の覚醒について。生命エネルギーが人間の覚醒を促進する。そのため、ピラミッド内で適切な位置に立つか、座禅のポーズで座り、生命エネルギーを流すようにすると、覚醒が促進される。具体的な位置については、瞑想して考えてほしい。情報を得たければ、いつでもEメールしてくれ」
「え？」
「冗談だ。質問してくれれば、お答えする。コンタクトはできるはずだ。ここはアンドロメダ銀河内にある惑星だが、わざわざここまで来なくても、あなたのそばにもピラミッドを使っているところはいくらでもある。プレアデス、オリオン、シリウスなどだ」

ピラミッドについて研究することがおまえの使命だと前回のスターラインズで言われていた。ただへミシンク普及の活動で忙しすぎて1年間何もできずにいた。今回得た知識を実験的に実証していく必要があるが、時間がとれそうにない。

教えられた数々のことの中で、ピラミッドの側面の面精度が重要だというのは理解できる。生命エネルギーの波動を側面で何度も反射して増幅させるのは、ちょうど光学天体望遠鏡で反射鏡を用いて光を集光するのと同じである。

光学望遠鏡の反射鏡は、その面精度が光の波長の数十分の一の精度でなければならない。そうでないとうまく集光できない。それと同じで、ピラミッドの側面も生命エネルギーの波の波長の数十分の一の面精度が要求されるのではないだろうか。ただその波長がどの程度なのかは今のところわからないが。

エジプトのギザにある三大ピラミッドは昔は表面に化粧石が施され、白く輝いていたと言われる。そのなごりが今でも第２ピラミッドの登頂あたりに残っている。表面が今のようにゴツゴツしていては効果が最大限には発揮できていない可能性が高い。

この体験の中で、瞑想する男性が、「ネットに出ている」と言ってるのは、マカバに関するサイトの次のページである。[http://homepage1.nifty.com/metatron/zone-12/60.htm]

このサイトによれば、地球を含め、多くの惑星上で北緯19・5度や南緯19・5度あたりに大きなエネルギーの噴出点があるという。たとえば、地球では、地球上最大の火山であるハワイのマウナ・ケア火山がこの緯度にある。火星でも最大火山であるオリンポス山がこの緯度にある（実際には18・6度）。木星の大赤斑もしかり、海王星表面にもスポットが観測された。この緯度は、星型八面体の頂点がその外接球に接する位置であるという。星型八面体とは、ドイツの数学者・天文学者ヨハネス・ケプラーが発見した立体で、２つの正四面体が反対向きになって上下に重なった形である。それを平面に投影すると六芒星《ろくぼうせい》（ヘキサゴン）になる。詳しくはネットの百科事典ウィキペディア［http://ja.wikipedia.org/wiki/］に出ている。

ギザのピラミッドは北緯30度ほどに位置するので、必ずしもこの緯度でなければならないということでもない。効率の差ということである。生命エネルギーがどういうメカニズムでこの緯度で噴出するのか、このサイトを読んでも私には難解すぎてよくわからない。神聖幾何学やマカバについて研究する必要を強く感じる。

I・Tクラスターの歴史

20番目のセッションでは、銀河系コアを探索した後、メモリー・ルームへ行き、クラスター・カウンシルに会う。

銀河系コアへ。初め水洗トイレのボールが見える。たしか前回銀河系コアに来たときにも汚らしいイメージが見えたことがあったのを思い出した。どうして毎回汚いイメージになるのだろうか。

次いで、赤ん坊が生まれたところが見える。生命エネルギーの表れか？

次に泥のようなところに穴がひとつあり、渦巻いているのが見える。ブラックホールか。少し後ろに下がると、渦はひとつでなく、3、4つぐらいある。でも動きが止まってしまった。穴の底もどろどろが溜まっている。全然活気がなく、汚い感じがする。なぜだ。なぜ毎回汚れたイメージが見えるのか。

そこから離れ始めると、巨大な渦が見え出した。前に見たのと同じような渦だ。前回よりも全体が黒いが、流れがあり、さまざまな色のものが流れ込んでいく。

指示がここを離れ、V8へ戻るように言う。ただ、なかなか離れられない。いつまでも渦が見える。へたをするとそちらへ吸い込まれていきそうだ。無理やりメモリー・

ルームを思い出し、そちらへ。そこでクラスター・カウンシルに会う。姿を見せてもらいたいと言うが明確には現れない。全部で12名だという。ただ、シルエット状のものが輪になって並んだ。

これから、I・Tクラスターの歴史について話すという。渦が見える。それが数個に分かれた。それぞれがさらに分裂していく。全体が大きな領域に広がっていく、未知の探求のためだ。

あるところまで来ると、左手に10個程度の一団が見える。これはI・Tクラスターの属するI・Tスーパークラスターだという。ひとつの渦が我々のI・Tクラスターで、その中から自分が生まれ、離れていく。それがさらに分裂してI・Tができた。

この先は知っているとおりだ。ここで帰還命令。はっと思い出した。49から帰るところを観察したいのだ。前回と前々回のスターラインズでは、銀河系の内部へ入っていくと、透明のロート状の中を降りていった。今回はどうか。

まわりは宇宙空間だ。目の前に透明のチューブが見える。ちょうどプラスチックのコップの中を上から見ているような感じだ。やはりこれが見えたのだ。以前から最後のセッションでしか見ていなかったので、他に重要なことがありすぎて、忘れていた。やはり銀河系へ、あるいは銀河系内を帰ってくる通路があったのだ。

チューブを前へ進んでいく。長い透明のチューブで白い線でできている。前にも見たものだ。次第にゆっくりになった。突然目の前にドアが現れた。開けて入ると、そこは、映画館のような場所だ。数千の人がみな左手を見ている。さらに全体が見えてきた。ここは、スタジアムだ、I・Tクラスターだ。

観客席の上のほうまで所狭しと人がいる。通路のほうまでも人が詰まっている。数万人規模だ。

外壁に緑色の網状の鉄の構造物があり、それがぐるりと壁を覆っているようにも見えるが、この緑の鉄の網状構造とスタジアムの関係はイマイチわからない。もちろん、この網状構造は前から見ていたスパゲッティだ。C1帰還。

3月9日（木）、プログラム最終日。

21番目のセッション、フォーカス49で自由行動

フォーカス49へ着いた。左手に網目状の茶色の構造が見える。I・Tスーパークラスターだ。次第にそれが前面に広がっている。背景には真っ暗な宇宙空間が透けて見える。

それが徐々に変化して、青黒い球がぎっしりと詰まっているふうになった。表面が白くて、まるでブルーベリーをぎっしりと並べたように見える。はるか向こうまで広がっているが、向こうのほうは暗くてはっきり見えない。

クラスター・カウンシルに何をしたらいいかと尋ねる。どうもこの構造をもっと調べる必要があるようだ。ひとつの中へ入ってみる。トンネル状になっている。どんどん奥へ。トンネルの壁はブルーベリーのような青黒い球で覆われている。前進が遅い。だんだんと外側が透明になってきて、外の暗い宇宙空間が見える。さらに前進。どこまでも進む。10分ほど進んでやっとどこかへ着いた。やはり青白いチューブ状のところだが、住居という印象だ。壁は空気で膨らんだ弾力のあるゴムまりのような感じがする。目の前に何かがいる。生命体だろうか。足が8本ぐらい中心から外側へ伸びている。赤い。クモのような形。でも中心部がはるかに小さい。ほとんど点。

しばらくすると、ビルかコンピュータのようなものが見える。要するに白く縦長で、黒い点が表面に規則的に並んでいる。そういうのが何本も隣り合って立っている。誰かが建物だと言った。ここにいてもこれ以上得ることはなさそうなので、帰ることにする。クラスター・カウンシルのことを思う。するとテーブルが見え、その周りに存在が何名か見える。ところがそこからどんどん遠ざかっていくのだ。何かのビルの最上階あたりの部屋にこのテーブルが見える。

さらに遠ざかっていく。宇宙基地のようなクールな構造物から出て、さらに遠ざかっていく。宇宙空間をどんどん後ろ向きに戻る。数分間戻ったがまだ戻っていく。そのうち、Ｖ８で35へ帰還する指示が来る。

やっと元いた場所へ帰ったようだ。今度は35へ。またトンネルが現れて、35へ向かっていく。今度のチューブはいつものもので、白い線でできている。スタジアムが見えてきた。すり鉢状で、数万人規模の人が観客席に見える。中央の芝の部分にも人がいて、芝の見える部分はわずかになっている。さらに人が両サイドから押し込んできている。指示が27経由でC１へ行くようにいう。すると、またトンネル、というか下へ向かうすり鉢状構造が現れた。暗い宇宙空間に白い線でその構造が見える。やはり、こういう形の通路があったのだ。それを下へ降りていく。急降下していく（左ページのイラスト）。25ぐらいで、まだこの構造が見えるが、記録をとるために明かりを付けパソコンのほうへ行く。ヘッドフォンを付けたまま記録をとる。C１へ。

9オクターブ上の存在との交信

22番目のセッション、地球コアと銀河系コアを結ぶ

フォーカス27でECへ。黒い服を着た女性3、4名に白色とピンク色の丸い10センチくらいのものをいくつも体に付けられる。ポケットにも入れる。銀河系コアへ持っていくお土産だ。フォーカス34・35へ。V８へ。

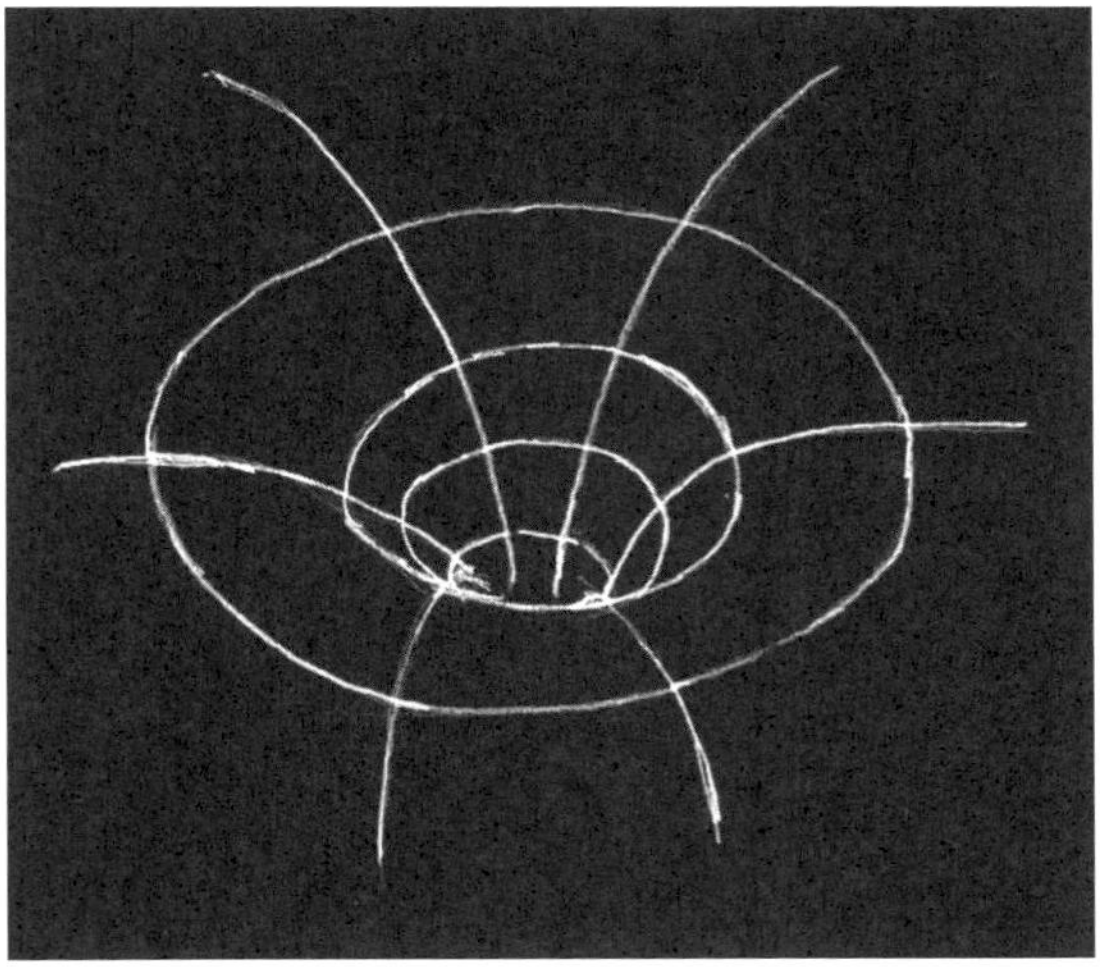

フォーカス35から27へ向かう際に見えたロート状の構造。暗い宇宙空間に白い線でその構造が見える。

フォーカス49へ。I・Tクラスターの構造が見えてくる。今回は枠組みが色が濃い青黒で、内部が薄い水色。蜂の巣状というか。ただ、白黒を逆転すれば、ブルーベリーのような青い球になる。同じものを見ているのだ。

指示でクラスター・カウンシルと話をする。

「今後さらに発展するにはどうすればいいか、それから無条件の愛を受け入れるにはどうすればいいか」

「どちらを聞きたいのか」

「後者だ」

「任せることが肝心だ。自分と全体の間をさえぎる殻《から》を消滅させること。昨日、後ろに頭を下げたら、全体の中へ入れただろう。任せること。我々にすべてをゆだねること。そうすればスーパーラブが流れ込む。スーパーラブには自分と全体をさえぎるバリアを溶かす力もある」

浄土真宗で言うところの「自力」に対する「他力《たりき》」(註)を思い出した。「他力」つまり、阿弥陀仏《あみだぶつ》の力にすべてを任せられた瞬間に救われるが、「自力」がすたらない限り、それはできないという教えだ。

「過去世の体験を再体験する必要があるか」

「ある。あのひとつの過去世をしっかり思い出すことで、バリアの一部が溶ける」

「それでは、見てみたいが」

「いいだろう」

しばらくすると、目の前に映像が始まった。例によって戦いのシーンだ。

一番初めに旗印《はたじるし》が見えた。確か丸に何かだったがよく把握できないうちに意識《いしき》がはっきりしてきて、見逃した。

ここで指示がスター・ゲートから先へ行くと言っている。遅れてはまずいので、映像は切ってもらう。音声ガイダンスの説明が長い。

例のトンネルが見えてきた。白い線でできたチューブだ。前へ進む。ただ、進みが遅い。ゆっくりと進む。

よくわからないところをしばらく進んだ後、泡が一面にある場所へきた。

ブルーベリーのような青い球がはるか遠くまで、一面上に並んでいる。いくつもある列は緩くカーブしていて、どうも全体はスタジアム状になっているようだ。その左半分だけを見ている。

ここからさらに先へ行こうと思うと、突然スタジアムの中央部に当たるところが下向きにロート状に落ち込み、下へ続くチューブになった。その中へ入っていく。どんどん進んでいくうちに、チューブが消え、何とも形容しがたい景色のところへ来た。全体に青っぽい。

さらに進む。どこをどう進んだかわからないが、この辺で知的生命体と交信することにする。このセッションの始まる前から、それを目的にしていた。

すると、目の前に青い球が現れた。というよりも目の前の構造物の一部が明らかな姿をとったといってもいい。

その中央の少し上の部分が振動して私の第3の目の部分と交信し始めた。交信の間中、ずっとこの部分が振動しているのが見える。

「あなたの振動レベルを上げてうまく交信できるようにしてあげよう」

「あなたはブルース・モーエンよりも交信がうまくできている。彼は無条件の愛で眠くなってしまった」

そうか、この存在はブルースがコンタクトした、あの高次の存在なのだ。

「本当ですか、信じられないが」

「うまく交信できる理由は、あなたが無条件の愛をあまり感じないからだ」

これを聞いてちょっとがっかりした。

「交信には第3の目を使う。今こちらはこちらの振動レベルをかなり下げているの

註　阿弥陀仏の力を他力、それ以外を自力と言う。自力がすたり、他力になった瞬間に救われるとする。

で、そちらが把握できるのだ」

ちょっと馬鹿にしたような笑い。

この存在は自分の意識の中に物質世界、非物質界、別の物質界などいくつもの世界を含んでいる。また、私よりも9オクターブ上のレベルにいるとのこと。

「創造の源は？」

「あなたよりも12か13段上だ。どう数えるかによる。I・Tから数えれば12段」

「私がさらに発展するにはどうすればいいか」

「先ほど聞いたようにすべてを任せることが重要」

音声ガイダンスがここから離れて銀河系外の探索をするように言っている。

「もう行かなければ」

この場を離れる。遠ざかっていくと、

「これを持っていくといい」

何かがこちらへ飛んできて、ハートのあたりに入った。

「これから心を開く役に立つだろう」

どんどん離れていく。

「いつでも来たいときに来なさい」

さて、どこをどう行けば、帰れるのだろうか。わからないが、ひたすら移動する。

光にあふれ筋雲《すじぐも》のような流れのある空間を通り、水色の球が無数並ぶ空間へ帰ってきた。そこを通り、やっとこの宇宙へ帰る。

暗い宇宙空間の前方に大きな宇宙船の船尾が見えてきた。垂直尾翼のような、もっと太い構造物が船体から上に立っていて、それに対して水平尾翼に当たるものが2枚上下にある。最上部の左側に近づいていく。中へ入ると2つパイロット用のようなイスがある。どうもここが私のメモリー・ルームのようだ。座る。見ると右手のイスに座っている人がいる。黒い宇宙服で身を固め、顔は真っ白だ。参加者のピーターかと思ってみると、そうではない。宇宙人だ！

真っ白の顔に目と口があるが、それ以外のものは把握できなかった。

宇宙人が座っていて、こっちもビックリしたが、案外ビックリしたのは宇宙人のほうだったかもしれない。突然、降って湧いたかのように自分の宇宙船内に見ず知らずの生命体が現れたのだから。

ガイダンスが、今フォーカス42で銀河系内を移動していると言っている。

まわりは真っ暗な宇宙空間に細かい星が美しく輝いている。小さなダイヤモンドをばらまいたようだ。なんて美しいのか。しばらくすると、光景が変わり、海岸と白い岩の構造物（アーチ状のような）が見えてきた。

これは……タイムラインに参加したときにどこかで見た光景に似ている……今後起こる3つのことのうちのひとつで見えた光景だったか。この辺の惑星と関係するのだろうか。よくわからない。

意識を宇宙空間へ戻すと、また宇宙空間が見えてきた。どこにフォーカスするかで、見えるところが変わるのだ。指示がオリオン星雲を通過中という。

次第にスタジアムが見えてきた。I・Tクラスターだ。やはりI・Tクラスターはこんなに遠くにあるんだ。オリオン座の星々（1500光年）とかプレアデス星団（400光年）のあたりのどこかだ。スタジアムへ入る。

今まではここで部屋へ入ってパーティ会場に行ったが、今回はそういうことは起こらない。太陽系内へ。木星通過。フォーカス34・35へ。すり鉢状の中へ落ちていく。フォーカス27。さらに地球コアへ。

驚くことに、ここではみながパーティーをしている。社交ダンスパーティだ。いつもと違い、明るい。壁はパール色で細かな金粉が輝く。200名ほどが思い思いに踊っていて、みな大喜びに楽しんでいる。一大ツアーの達成を祝っているのだろうか。

C1帰還。

創造の源は私のI・Tよりも12オクターブ上にあると言う。オクターブについては『死後体験Ⅱ』（P51）に書いた。1オクターブはフォーカスで言うと7レベルに相当するので、84レベル上ということになる。I・Tはフォーカス35にあるから、想像の源はフォーカス119にあることになる。

私が交信した存在は創造の源よりも3オクターブか4オクターブ下の存在ということにな

る。それでもフォーカス98か91ということになる。

この存在とクラスター・カウンシルの両方に言われたが、私が無条件の愛を受け取るには、「すべてを任せること」が肝心だとのことだ。言われたことは言葉に訳すとこうなったが、実際に得た情報は、もっと大きい。いろいろなことがいっしょくたになっていた。「あるがままに、自然にあるべき姿になる」とか、「さまざまな縛りのたがが解《ほど》て、本来の自分の姿になる」というニュアンスも入っていた。そのあるがままの本来の自分が、それがそのまま向こうの生命エネルギーの本来の姿での発現、現れである、ということも含まれていた。自分のまわりにがんじがらめのたががあって、それがゆるみ、解かれると、中に純白に輝く命そのものの球体があって、それが生命エネルギーの本体と直結している、そういうイメージだ。すべてを任せられれば、たがが解ける。あるいは、たがが解ければ、すべてが任せられる。というか、2つのことが同時に起こるのだ。たがが解けるのと、すべてを任せられるのが同時なのだ。

これは言うは易《やす》く、行なうは難《がた》しである。難中の難である。人にはエゴや我《が》がある。「どうやったら任せられるか」とおもんばかる心がある。これ自体、任せていない証《あかし》だ。

父の様子を見る

23番目のセッションは、フォーカス27で自由行動。今回のスターラインズ最後のセッションで、グランディングをかねてフォーカス27へ行く。

フォーカス27。父親の様子を見に行くことにする。

病院内へ。父の顔が一瞬見えた気がしたが、すぐに消えた。

部屋に入る。個室ではなく、5人ほどがそれぞれのベッドに寝ている。白いシーツが特に目に付く。ベッドの前に来た。誰かが寝ているが、誰かは把握できない。

ただ父のようなので、「お父さん」と呼びかける。

「政道ですよ」

まったく動かない。何度も何度も呼びかけるが、まったく反応がない。

父親は昏睡状態で眠っているのか、何度呼びかけても目を覚まさなかった。死ぬ前も寝ていることが多かった。こちらでも寝ているのか。C1へ帰還。


その晩、10時ごろに就寝。目をつぶり、うとうとし始めると、頭の両側にふたり、足元にひとりまたはふたり、人がいるのが、見える。ガイドたちだ。頭のふたりは、額のあたりをマッサージしてくれている。足元の人は足のマッサージをしている。特に何かを感じるわけではないが、その様子が見える。眺めているうち、すぐに寝付いてしまった。

第5章　集団の救出

この章では、その後の1年間に体験した事柄の中で、父親に関するものと、特に重要と考えられるものを記したい。

2006年4月20日（木）

久しぶりにフォーカス27用のCDを聴く時間がとれた。

フォーカス27へ父親の様子を見に行く。病院内へ来た。父は昏睡状態だ。大声で何度も「お父さん」と呼びかけるが、反応がない。さらに呼び続けると、少し、反応があった。さらに呼ぶ。目が覚めたようだ。まだ、朦朧としている。さらに呼ぶと、もう少しはっきりとしてきた様子だ。

2006年8月10日（木）

夜中に目を覚ました。それまでに見た夢に父が出てきた。ソニーのどこかの工場でボケ防止に仕事をしているという。何かの単純作業だ。ただ、扱っているものはけっこう危険な感じがする。字を思い出せないというようなことを言っていた。小学校で学ぶ字も思い出せないとのこと。これが本当なら、少なくとも昏睡状態からは脱したようだ。

2006年8月11日（金）

また夢に父が出てきた。明日は命日だからか、ここ2日連続で出てくる。今日の夢は内容は覚えていないが、何かの勉強をしていると言っていたと思う。フランス語だったように思う。さらに進歩したようだ。

2006年11月26日（日）

朝5時、起きてこれを書いている。

昨晩見たテレビ番組のことが頭から離れない。一晩中寝たり、目が覚めたりを繰り返しながら考えていた。シベリアに抑留されて50年ぶりに会った夫婦の実話に基づいたドラマである。その関連で、生前、父としっかり握手をしたのはいつだったか、会えることを感謝したのはいつか考えていた。父に会いたいと思う。

フォーカス27へ行くことにする。

ただすぐに夢の中に入ってしまったようだ。学校の内階段のような薄暗い階段を上がっていく。もうひとりいっしょに行く人がいる。彼は途中の階で外へ出て行こうとする。そこはフォーカス25あたりだ。床屋?に行きたいらしい。そこはフォーカス25だよと言うと、その男は出るのをやめて、ついてきた。

もう1、2階登ると最上階に着き、外へ出る。そこは屋上だった。

机に向かってこちら向きに座っている女性が目の前にいる。70ぐらいの女性だ。

夢の中の自分は、ここにくれば彼女(カウンセラー?)と会えることをなかば当たり前のこととして知っていて、話し出す。

「泣きたいんだ。思いっきり」

あのテレビ番組のことを思っていたのかもしれない。今となっては何でこう言ったのか、思い出せない。気がつくと、他にも女性が2名ほど、数メートル離れたところにいる。同じように机に向かって座っているようだ。カウンセラーなのか。

父のことを思い出し、会いたいなと思う。

見渡すと、前方10メートルほどのところに、父が立っていた。若い。60歳ぐらいか、髪をきれいに刈《か》って、こざっぱりとした感じだ。顔がやけに白い。

駆け寄り、抱きつく。しっかりした肉感。

会話を交わした。初めから涙があふれて、途中ついに嗚咽した。

「5期生を連れてきたのを見かけたよ」

と父が言う。日本人対象ゲートウェイ・ヴォエッジの5期生のことだ。

「こっちはどう?」と聞くと、

「うまくいってる」

おだやかな感じで、満足感と充実感を感じた。嗚咽したことで、意識が目覚め始め、この会話を維持できなくなった。

私は「もう帰らないと」と言った。そう言うと、父の感覚は次第に薄れていった。

ローリーの死についての予言

2006年8月19日(土)、私たちが主催するワンデーセミナーで、ウェーブⅥの「離脱」を聴いた際、初めのほうで、以下の体験があった。

目の前がやたらとまぶしくなった。これはガイドが来ているサインだ。このサインは実に久しぶりだ。視界がばんやりしていたのが、目の前に布か何かが現れて、何往復かするうちに、はっきりしてきた。ちょうど目の前のガラスが布でこすられてきれいになっていくかのようだった。すると、メッセージがあった。

「ローリー・モンローが近々死ぬ。予期せぬ病で、急に死ぬ。そのときに、誰が引き継ぐかで意見が割れる。あなたも介入すること」

死ぬのは数年とか先ではなくて、もっと近い。半年から遅くて1年先という印象だった。それにしても、介入するって、資本的に入ることだろうか。面倒なのはいやだ。ただ、日本にモンロー研ジャパンを作るにはこれしか手はないのか。何をすればいいのだろうか。

ローリー・モンローと筆者。

私はあまりに重大なメッセージなので、どう対処すべきか、困った。とりあえずフランシーンとミッツィにのみ、このメッセージについて話した。

この段階ではローリーの病気についてはローリー自身知らなかったはずだ。フランシーンによれば、ちょうどこのころ、ローリーは飼っている犬にぶつかって転び、二の腕を骨折した。その検査の際に肺ガンが見つかった。すでに相当進行していてステージ4だった。

このメッセージのちょうど4ヵ月後の12

月18日、ローリーは向こうの世界へ旅立った。

死後体験セミナー@阿蘇（2006年9月9日〜13日）

死後世界を垣間見るためのセミナーを私たちが主催して年に何度か行なっている。この4泊5日の「死後体験セミナー」は、これまでに那須や阿蘇、熱海といった自然に恵まれた環境で開催してきている。

2006年9月に阿蘇で行なったときの私の体験をいくつかここで紹介したい。

まず9月12日朝3本目のセッション（1回目の救出活動）での体験である。

フォーカス25にいる武士の集団を救出することにする。過去世の自分が大将としてそこにいるような感じがするからだ。

フォーカス27に到着。ガイドに来てもらう。右にひとり、左にひとり、ともに自分よりも背が高い。右にいるのはかなりくだけた感じの人だ。

フォーカス25へ救出に行きたいとお願いする。軍人の集団が見えてきた。野外の観覧席のようなところに、列を成して座っている。数百人はいる。現代的な服装だ。

場面が少し変わったのか、今度は数千人規模の軍人が見える。先ほどとは違い、観覧席ではなく、草原のような開けた場所にいる。

これだけの人数を救出するにはどうすればいいのか、声をかけるとこちらを見るだろうか、と思い悩む。そういえば、タイが日本人の軍人を救出するのに、乃木希典《のぎまれすけ》のいでたちに変身してうまくいったと言っていた。（タイとは前出で紹介した、私たちのアクアヴィジョン・アカデミーの「公認ヘミシンク・トレーナー」である）

偉い人になることにする。

「諸君は任地が変わった。これから新たな任地へ行くことになった」

そう言って、移動のための列車を用意することにする。するとすぐに列車が現れ、こちら向きに走ってきてホームのようなところで止まった。

「列車に乗って移動していただきたい」

みなぞろぞろと列車に乗り込み始めた。かなりの人数が乗ったところで発車した。列車じゃ空を飛べないから、飛行機にすればよかったと思ったが、ま、いい。いつもの手で行くことにする。

「この列車は最新技術で作られているので、空を飛ぶことができる」

そう言うが早いか、列車は空に舞い上がった。各車両で折れ曲がり、くねくねとヘビのように上へ登っていく。ここで初めて全体の長さが見えた。10両ほどだ。

そのままフォーカス27へ。草原のような広いところへ着いた。数百人から千人ほどの人が列車から降りてくる。

「みなご苦労であった。温泉を用意したので、ゆっくりと静養していただきたい」

しばらくそこで様子を見とどけた後、その場を離れる。

このセッションの後の昼食のとき、参加者のひとりのAさんと同席になった。こちらから話し出す前に、彼女が言った。

「列車が人を乗せて空を登っていくのを見たわよ」

これには驚いた。そこで私の体験を話すと、彼女もくねくねと登っていく列車を見ていた。このときは、ガイドに何もしないでいいと言われたと言う。

そう言えば、Aさんは、初日から、兵士が並んで歩いているのを何度も見ていた。ヘミシンクを聴いていないときにも、目をつぶると見えるので、怖がっていた。夜寝ようとして目をつぶると数千人の兵士が見えてきて、恐ろしくなり、皆がまだ起きて話をしている部屋へ飛んできたこともあった。さらにセッション中に列車を何度も目撃していた。

またAさんは、あるセッションで、武士の大将に出会い、とっさに「徳川家康さま」と叫んで、その大将に怒られたと話していた。昼食時に私の顔をまじまじと見て、あの武士は坂本さんの顔だったと言った。笑った口がそっくりだったそうだ。

やはりフォーカス25あたりに過去世の大将としての自分がいるのだろうか。

Aさんは、その後も何度か兵士の救出現場へ行った。どこでも列車がやってきて、大勢の兵士が乗り込んでいた。多数のガイドたちが協力してやっている様子だった。

あるとき、穴の中にいる旧日本軍兵に呼びかけ列車に乗せたという。どうもその兵士は過去世の彼女だったような気がしたとのことだ。

今回の体験で不思議なのは、私が列車を思いつく前から、Aさんはいろいろなセッションで列車を見ていたという点だ。私はたまたま列車を思いつき、それを自分でイメージしたと思った。だが、実は、列車はすでに活躍中で、その情報の切れ端を私は何らかの方法で知覚し、その結果、自分で思いついたような気がしただけなのかもしれない。だから、すぐに列車が現れたのではないか。

思いつくとか、想像するということは、実は、すでにそこにあるものをこちらが感知し、それをそこに思うから、見えてくるということなのではないだろうか。

参加者のひとりのHさんが、似たような体験について話していた。想像したものが創造されるのではなく、すでに創造されていたものを、単に思いつき、想像するのだと。

どうもこの可能性が高いような気がする。自分の自由意志で何か想像するのではなく、すでにそこにあるものを無意識に感知し、あたかも自分で思いついたかのように想像すると、それが見えてくる（現れてくる）のである。火のないところに煙は立たずだ。だから、非物質界では積極的に想像をすることが効果的で、知覚力を高めると言われているのだ。

今回は、かなりの数のガイドたちがすでに共同で、多数の兵士を救出する作業を行なっていた。そこへ我々が手助けに加わったと思われる。ガイドたちによるかなり大掛かりな集団の救出が行なわれているようだ。

9月12日午後、2回目の救出活動。

フォーカス27へ行く途上、フォーカス23で、海が見える。岩の海岸だ。誰かを救出する必要を感じる。

フォーカス27へ着く。ガイドに来てもらう。ガイドの姿はよくわからないが、ともかく救出したいと言う。すぐに海の中へ入っていく。やはり、この中に何かあるらしい。明るい青い海水。水深はそれほど深くない。数十メートルか。

底に男性の顔が見える。参加者のM君のような顔だ。首から下が砂の中に埋もれている。「それはそこにないと見る」法で、砂を取り除く。

男はすぐに動けるようになり、両手を振り回しながら上へ上がっていった。追おうと思ったが、「あれは放《ほう》っておけばいい」とガイドに言われる。

まだ他に何か重要な救出があるようだ。海底の岩や海草のようなものが青い中に見えるが、他には何もない。「それはそこにないと見る」法で、除いていく。

少し前へ移動すると、巨大な戦艦の残骸のようなものが見えてきた。青緑色の海水を通して百メートルほど前方に見える。船首をこちらにして向こうへ横たわっているようだ。砲塔のようなものもある。ただ全体が瓦礫《がれき》の山になっていて、元の形を留めていない。中へ入ろうと思うが、うまく入っていけない。

腰に付けたライトセーバーで切り開くことにする。何度か船体を切る。

中へ、艦内へ入った。5メートル四方ほどの狭い部屋に半透明の球がいくつも浮いているのが見える。直径が10センチから20センチほどだ。何だろうか。

それぞれは……人の霊だ！　10名ほどいるか。姿はない。ここから出られないらしい。

ライトセーバーで天井に丸く穴をこじ開ける。

「ここから出られますよ」と言うと、上へ幾人も出て行った。

船外へ出る。船体全体を見渡すところにいる。ライトセーバーで何度も切り裂き、さらに額の第3の目のあたりから、強い光を放射して、船体に切れ目を入れる。

すると、青白い船体のあちこちから半透明の丸いものや、ひょろ長いものが上へ上がっていくのだ。人の霊だ。数百体か。ここで、上へいっしょに上がって行こうとすると、「まだいる」とガイドに言われる。どうも艦長らがいる。2名か。

「貴君《きくん》らのこれまでの奮闘、ご苦労であった。陛下がお待ちしておられます」

こんな感じのもっと長い文を言った。今では思い出せない。

すると、ひとり、またひとりと軍服を着た将校らしき人たちが現れ、こちら向きに一列に並んだ。7、8名か。先頭からふたり目が帽子を取り、お辞儀をした。

「ここに最新技術の発射装置を持ってきた。これで1名ずつ、上へ発射する」

と、とっさに思いついたことを言った。ここで帰還命令が聞こえてきた。やばい。急がねば。ひとりずつ上へと打ち上げた。後はガイドに任せることにする。

セッション後のミーティングでこの話をすると、Hさんが、浅瀬でオレンジ色の閃光《せんこう》と爆発を見ていた。そのあとで、散らばっている人のうち、何名か救出したとのことだった。それと関連して、Sさんが、私が見たのは旧日本海軍の戦艦陸奥《むつ》かもしれないと指摘してくれた。第2次大戦中に呉《くれ》沖で謎の大爆発を起して沈没したとのことだ。後で調べると1943年6月8日のことで、この際1121名が犠牲になった。水深は50メートルほどのところである。今回私が見たのも比較的浅瀬である。と言っても巨大艦がしっかりと沈んでいるのだから、たぶん50メートルはあったはずだ。ただ、この軍艦が旧日本海軍の戦艦陸奥かどうかは、この事実からだけでは確認できない。

旧日本海軍の軍艦や一般の船舶で海中に没したものは相当数に上るに違いない。これらに一体どれだけの人の霊が閉じ込められているのだろうか。硫黄島やサイパン、ガダルカナル、ミンダナオ、沖縄をはじめとする激戦地にもどれだけの英霊がいまださまよい続けているのだろうか。ガイドたちによる集団での救出活動は進行中だと期待したいが、我々としてできることはやりたいと思う。

9月13日、最後の救出セッションでは次の体験をした。

ガイドとフォーカス25へ、武士の大将の救出を試みる。

濃い緑の森が見える。深い木々、下草は明るい緑。土の一部が上向きに開いた。鉄板のようなものが一枚、また一枚と箱を開くように4枚開いた。

中から黒い不定形の物が出てくる。ゴジラのように表面がごつごつしている。

一瞬、黒い甲冑《かっちゅう》を着た武士のような姿に見える。

光を照射する。全身に5センチほどの長さの針のようなものが無数刺さっている。

さらに光を照射し続ける。すると、大地の一部が木々を乗せたまま動き出した。赤土の部分が広がる。下に何かいるのか。視点が少し離れる。さらに光の照射を続ける。

どうもここの大地、あるいは、領域全体が、自分の隠している体験と関連しているようだ。木々を光で切り払い、除こうとする。光のひょろ長いものが多数、上へ上がっていくように見える。

ここで帰還命令が来た。まだ、終わっていない。何かのほんの一部のみ現われ始めたのだろうか。

コーヒーブレイク②

UFOと星間移動

何億円も払って宇宙旅行に行く企画が人気を得ているらしい。そんなに払わなくてもヘミシンクを使えば宇宙旅行に出かけることができるのに、と思わず言いたくなる。

肉体を持ったまま空間を移動して行こうするから莫大なコストがかかるのだ。しかも移動速度が遅い。月へ行くのでさえ、往復1週間かかる。火星だと1年、太陽系外へ出るなどほとんど不可能に近い。

それに対して、ヘミシンクでやるように、肉体ではなく非物質のエネルギー体で移動することを考えれば、話はまったく違ってくる。非物質だから物質や空間に束縛されないのだ。移動はずっと簡単にできる。時間はほとんどかからない。

ただ、まったく何もエネルギーは要らないのかというと、どうもそうではないようだ。

スターラインズで宇宙空間を移動するのに常にヴォイジャー8号（V8）に乗り、しかも結晶に意識のエネルギーを注入することや、さらに高いフォーカス・レベルでは大型のスペースステーション・アルファ・スクエアードに乗り換えていたことを考えると、なんらかのエネルギーを利用する必要はありそうだ。

それは非物質のエネルギーである思念のエネルギーで、さらに言えば生命エネルギーだと思われる。それを結晶が集中し増幅し、我々のエネルギー体が非物質界を通って遠くの場所へ移動するのを可能にする。それが具体的にどういう原理なのか、今のところわからない。この解明には非物質界における物理学（あるいは非物理学？）の研究が必要である。

ＵＦＯも同じ原理で遠い星からやってくると思われる。我々が非物質状態で移動し、行った先でも非物質状態に留まるのと同じように、ほとんどのＵＦＯも非物質状態の存在であると考えられる。だから、幽霊が普通には見えないのと同じで、ＵＦＯも見えないのだ。そういう意識状態にいる人だけに見える。

ただ、中には物質化するＵＦＯもいるらしい。そういう場合に限ってレーダーに映ったり、写真に撮られたりするのだろう。

M31。アンドロメダ銀河。
約4000億個の恒星からなると考えられている。銀河系からの距離はおよそ230万光年。

本著で使用している天体写真は、
すべてNASA and STScI提供。

第6章　5回目のスターラインズ参加

２００７年３月３日（土）、シャーロッツビル空港に着くと、見覚えのある顔が大きな声で「坂本せんせー」、と出迎えてくれてびっくりした。４期生のM子さんだ。いっしょにポールのヴァンに乗り込む。午後３時前にモンロー研についた。

今回の参加者は13名とかなり少ない。ほぼひとりで一部屋だ。

トレーナーはいつものフランシーン・キングと、もうひとりはキャロル・セイベックだ。キャロルは普段はスペインにいてスペイン語でモンロー研のプログラムを行なっている人である。

翌３月４日（日）朝、窓から見る外は美しく晴れ上がり、外は朝日に輝いている。外へ出てみると、気温は思ったよりも低く、氷点下２、３度というところか。北風が刺すように冷たい。

今回の個人的な目的を書いてみる。

1　ピラミッドの原理を調べる。シリウスとか、太陽系の近傍にもあると言われたので、それを調べる。
2　ＫＴ95（プレアデス）についてもっと知る。
3　人類の発展に対する他の星の生命系の影響について、プレアデス、オリオン、シリウス、金星など、もっと詳しく知る。

フォーカス34・35

今回は4番目のセッションの体験から載せることにする。

このセッションはフォーカス34・35の復習である。34・35ではＩ・Ｔのメンバーである自分のさまざまな側面を集めることができる。また、ここには多くの生命体が集まってきているので、そこに来ている生命体たちの住む世界（ホーム・プラネット）を見せてもらえる。

ＥＣ27とフォーカス27の結晶の往復の間、周りに人がいる感じがする。手を握っている感じが一瞬あった。何か白っぽい塊《かたまり》で移動する。

34・35。真っ暗だが、何か存在が多数いる感じがある。淡い白っぽい不定形のものがたくさん見える。目の前にいる淡い存在と会話を開始する。

「ホーム・プラネットを見せてください」

ピラミッドが3つほど並んだところ?が見える。はっきりとは見えない。三角錐《すい》のピラミッドで、側面がつるつるで光っている。あまり明確でないので、この存在との会話はここで打ち切る。別の存在と会話を始める。

「あなたやあなたの宇宙船（スペースシップ）は非物質ですか、それとも物質ですか」

実はこういう疑問を持っている、とセッション前のミーティングでみなに聞いてみた。すると、フランシーンが、それはフォーカス35で聞いてみるといいと助言してくれた。

「我々の宇宙船は非物質だ。そのほうがこちらに来やすい。中にはこちらへ来て物質的な形をあえてとるものもいるが、それは人類と直接コンタクトを持ちたいからだ。普通はみな非物質。だが、ホーム・プラネットには物質的な体と世界がある。我々のところは地球とよく似たところだ」

「こちらに来ているのが非物質なら、じゃ、なぜ宇宙船に構造があるんですか。前に見たのや内部に入ったのにはイスがあったり、さまざまな装置がありました」

「非物質とはいえ、そこには物理法則のようなものがあり、それに従って、行動する。またグループで行動するので、いっしょに移動するための何らかのエネルギー体での枠組みが必要だ。あなたのフォーカス27のアーカイブ（過去世記録などが蓄えられている場）がそうだろう」

確かにそうだ。あそこは建物の形をしていて、壁一面にデータが保管されていた。

「非物質界にはいくつもの次元があり、エネルギーもあなたの知ってのとおり、スペクトラムの幅が広い。その法則を人間に教えることはできない。教えてもわからないだろうから。自分たちで調べてわかるように進歩する必要がある」

「ホーム・プラネットを見せてください」

「OK」

真っ暗な中に所々明かりが見えるが、それ以上わからない。

「あなたの視界は制限がある」

しばらくして、よく見えるようになった。明るい。緑の草のようなものが薄茶色の砂地の道の両側にある。全体に砂っぽく、乾燥している。砂漠のようなところだ。

「家を見せてもらえますか」

「我々は地下に住んでいる」

「どうりでさっきは暗かったのか」

ここでホームベースへ帰還命令。しばらく会話を続けた後、帰還。

次の5番目のセッションはフォーカス33である。

今回は27の結晶からスリング・ショット法で1回すばやくEC27へ行き、そこから直接34・35へ。その後、33を体験。33は創造とヒーリングの場である。

34・35到着。目の前に淡い白っぽいものが見える。中へ入る。構造がすこしはっきりしてきた。白っぽい本体が右手にあって、左へ筒のような大きな構造体が伸びている。飛行機の胴体のような形だ。飛行機のタラップのようなものが、この胴体へ伸びていて、十数名の人が登っていく。

この宇宙船の内部へ。中はイマイチうまく把握できないが、高さが人の半分ほどの存在たちがいる。この宇宙船の乗員らしい。食事の場というか、栄養補給の場らしいところへ来た。エネルギー体なら栄養補給しなくてもいいのじゃないかと思っていると、物質ではなくエネルギーを補給するらしい。

彼らはここへは眠っているような状態時に来る。常に来ているわけではないらしい。観光客のような人たちは向こうで眠っている際にこちらへ来て、こちらで眠っている際に向こうに戻るようなそんな印象だ。

この宇宙船のコントロールルームへ。ここは大きな窓が2つあり（ほとんどつながっている）、そこから真っ暗な空間が見える。ここから地球を観察する。

でもどうやって観察するのだろうか、と思案していると、そのうち見覚えのある楕円のテーブルが見えてきた。そのまわりに何名か人がいる。ひとりはモンローのようで、そのほかもI・Tメンバーのようだ。ここはV8だ。なぜV8にいるのかと不思議に思っていると、モンローらしき人が、

「意識がドリフトして、2つに分かれ、一部がこちらに来たんだよ」と教えてくれた。

「もう一方はまださっきのところいるよ」と言う。

どちらにフォーカスしたいかと聞かれたので、さっきのほうにフォーカスしなおす。

この辺でフォーカス33へ行くようにガイダンスが言う。

従う。徐々に下へ降りていく。やはり、下なのか。非物質界でもフォーカス番号が大きい方向が上ということが今まで何度もあった。

フォーカス33は創造に適したところだ。りんごを思ってみよう。

なぜか誰かに食べられて8分の1ぐらいになったのが見える。

もう一度トライ。ぼんやりしたのが見える。

自分の個人乗りのUFOを思う。高校のころ、大好きだったテレビ番組「インベーダー」の影響で、よく学校の帰り道、ひとり乗りのUFOに乗って飛んでいることを夢想していた。今回は少し大きくして4、5人乗りにする。窓に沿ってイスが並んでいるのが見える。それから操縦用のハンドルが見える。なかなかうまくいった。

その後、夢を見たような状態になった。家の中にいる。人が4、5人いて、玄関から外へ出ると、そこは草原だった。

そこではっと我に返る。フォーカス34・35に戻ってI・Tを調べようと思う。

時間がないと言われるが、目の前にスタジアムのような急斜面のところが見えてきた。ここの斜面にデータが蓄えられているが、感じ方によって人などに見えたり、CDとかに見えたりするのだと言われた。フォーカス27経由で帰還。

ヴォイジャー8号

復習が終わり、ここからいよいよスターラインズのプログラムが始まる。

6番目のセッションはイントロ・ヴォイジャー8（V8）である。


34・35へ行く。ガイダンスでV8へ。

明るい室内にいる。丸いテーブルがあり、そのまわりに行く。何人かの人を感じる。その後ガイダンスに従う。ここから先の順番はごっちゃになっていて覚えていない。自分の部屋へ行くと、明るい白い壁の部屋へ来た。一部のコーナーにバスタブが見える。

テーブルへ戻り、結晶にエネルギーを送る。白っぽいエネルギーだ。霧状になる。二階へ行ってみると、船の上へ来た。外は明るく、まわりは青い海のようで、まるで本当のクルーズシップだ。女性がふたり、欄干によりかかっている。ひとりは金髪。なんで海なんか見えるのか。また意識が地上へシフトしたのか。それとも連想しているのか。たぶん連想しているのだ。

その後、自分のイスへ戻り、壁のハンドルを回して外にあるポッドに乗りこむ。丸いリーボルで作るのと同じようなものだ。船を外から見ようと思うが、明確な形には見えない。

ガイダンスは地球を観察するように言っているが、月面へ行こうと思う。が、地上の様子が見えてきた。月面をイメージすると、クレーターのある表面がはっきりと見える。そのまま月面上にいる。ぎざぎざした山並みが見える。しばらくしてまた意識がドリフトしたのか地上の景色が見える。指示で船内へ戻る。

途中、船外から船体を見た。たぶん白い壁の一部を見ていたのだと思うが、丸いマークがある。モンロー研のロゴのようでもある。

船内へ帰る。テーブルが見える。以上の体験中、3、4回、人を見かけた。参加者たちのようだ。はっきりとはわからないが。

太陽系惑星の役割

3月5日（月）、朝一番の7番目のセッションでは、太陽、水星、火星、木星を探訪する。

V8へ。今回は暗いが、テーブルなのか、透明で黒く光った面が見える。

結晶にエネルギーを送って回転させた後で、太陽系内の探索を始める。

まず、太陽へ。何か大きな存在の前に来た。すると、光の帯というか虹のようなものが次々とこちらへやってくる。妖精のような存在だと言う。太陽の仕事の手助けをしながら、学んでいる小さな存在たちだと言う。暖かいが太陽に比べるとまだ未熟で、か弱い。

次に水星。なぜか死にかかっているという印象を受ける。

「死にかかってるんじゃなくて、冬眠とか睡眠に入ってるんだ。ここは暖かくてとても気持ちがいい」

という答えが水星から直接返ってきた。

次に金星。前回、エーテル的な存在と会話をしたので、またその存在と会いたいと思うが何も現れない。

「目の前にいるよ」と声がする。質疑応答を開始。

「ここは太陽系への入り口。太陽と金星の磁場などの関係でここが太陽系へ入るのに一番適している。プレアデスからシリウス経由で来られる。あなたが60億年前に来たときはまだ金星はなかったが、原始太陽系はあった。ここはフォーカス的には35だ。ここから地球へ35経由で27へ行く。太陽系内には地球以外にも生命意識の進化の場がある。地球が一番物質的で、一番量が多いが、そのほかにもある」

火星へ。それでは火星にはどういうところに生命意識の進化の場があるのだろうかと思っていると、声が男性的なものに変わった。

「地中の氷の中だ。そこに生命体がいる。完全に物質的ではなく、非物質的なところもあるが、かなり物質的だ。それから、火星にはかなり前に別のところの生命体（宇宙人）がやってきて住みついたところがある。10億年ほど前のことで、その後、そこを放棄した。その遺跡の一部は地上にあるが、ほとんどは地中にある」

木星へ。第一印象として、木星は太陽系での重石になっていること。その強力な磁場と重力で、惑星軌道などを安定させている。内側の惑星がふらふらしないように。また太陽からの生命エネルギーをここから内側へ戻し、生命活動が維持できるようにしている。地球やそれぞれの惑星の機能の維持、バランスに重要な役割を演じている。

著名なリモート・ビューワーであるマクモニーグルと筆者。

セッション後のミーティングで、自分の体験について紹介したところ、フランシーンが、火星に10億年前に宇宙人が住んでいたという話はジョー・マクモニーグルもしていて、彼の本に出ているとのことだった。

8番目のセッションは、土星、天王星、海王星、冥王星探訪。

土星は木星の補助的な役割を果たす。外側の惑星の安定をもたらす。

天王星は、その衛星たちの親でその安定に寄与し、そこでの生命活動を維持する。軸が傾いているので、地球などへ生命の移行を可能としている。

海王星は太陽系へ外側から不安定要素が入ってくるのに対して安定させる役割。

このセッションはところどころ意識が飛びながら行なった。最後に太陽系全体を見せてもらう。真っ暗な中、中央に太陽が輝き、美しい。重力だけでなく磁場の寄与が相当ある。どういう原理かはわからないが。


トレーナーのキャロルが、セッション中に私を見かけたと言う。私が目の前を猛スピードで通過していった。赤いつなぎのようなものを着ていたとのことだ。


9番目のセッションは、太陽系内で自由行動。

今回はEC27でしばらく過ごした後で、スリング・ショット法でV8へ行く。EC27でなぜかいろいろなものを食べていた。エネルギーのチャージアップのためなのか。

V8で太陽系内を探索する。個々の惑星ではなく、太陽系の仕組み、力の原理、ボーデの法則の理由について知りたいと思う。つまり重力と磁力、生命エネルギーの関係だ。こう思いながら、しばらくいるが、よく把握できない。しばらくして、V8へ戻るように言われる。その後、太陽系全体を見るように言われる。小さな明るい星が見える。太陽か。その周りに惑星があるはずだが、よくわからない。暗い空一面に星が見える。例のロート状の形状が見えないか、と思っている。しばらくすると、たくさんの白い線からなるロートのようなものが見える。今回はかなり急傾斜だ。中央への引き込みを感じる。ちょっとうとうとしたのか、息子を抱っこしている。5、6歳のころか、強く愛情を感じる。はっと我に返って、愛情のエネルギーが太陽系の基本的な力の要素なのかと気づく。これが何らかの仕組みで重力を生み出すのか。というよりも霊重力か。中央への引き込みは英語ではＰＵＬＬ。これはＰＵＬ（Pure Unconditional Love、無条件の愛）に通じる。

夕食時のこと、キャロルがセッション中に私を見たといい、詳しく話したいというのでいっしょのテーブルに付く。

フォーカス35での体験だという。彼女と私はビジネスマンのように正装していた。そこには全部で5名いた。それは生まれる前のことで、今生でヘミシンクを広めるという約束をしていたという。5人のうちのひとりはモンロー研のスキップ・アットウォーター。後の2名はわからない。ブルース・モーエンかと聞くと、違うとのことだった。

生まれてくる前にそんな約束をしていたなんて知らなかった。キャロルはスペインでホテなった。

ルを購入し、モンロー研の正規プログラムを開催している。スキップはモンロー研の所長に

フォーカス42、ケンタウルス座アルファとシリウス

10番目のセッションは、イントロ・フォーカス42である。ローカルバブル内へ行く。Ｖ８に乗り、ヘミシンクに従って42へ行く。42にはＩ・Ｔクラスターがある。ケンタウルス座アルファとシリウスを訪問する。

42に着いた。暗い中に例の茶色の蕎麦が見えてきた。Ｉ・Ｔクラスターだ。もつれ合っているが、今回は隙間が広い。全体のイメージが木の根っこのように見える。つまり根元でひとつで、それがいくつにも枝分かれして広がっていく。そういうふうに見える。

ケンタウルス座アルファへ。銀色の金属の球体のようなものが見える。その表面の一部が光っていて、そこに絵文字のようなパターンがいくつもある。なんだろうか。前にも見たことがある。非物質でも物質でもいいから交信したいと言うと、非物質の存在が交信を開始した。

「あのパターンはシンボルで、それを使って交信します」

「でも非物質ならどうしてそういうのが必要なのですか」

「まだ必要としているのです」

ちょっと会話に疑問が出てきたが、そのまま続ける。

「あなたはうまく交信できています。我々はケンタウルス座アルファの大きいほうの星の惑星のそばで、非物質的に生きています。フォーカス27にいます。この星には以前あなたが交信したサンゴのような形の、個体同士がテレパシーで交信する生命体もいます」

海の中のように青い映像が見えてきた。底のほうが白っぽくて何かがいそうだ。

「魚のようなものもたくさんいます。海の中で暮らしています。魚は宇宙では一般的な生命形態です。魚はそれほど進化してはいませんが。われわれは地球と同じようにシリウスから来ました。ここの生命はそうです。我々は以前は物質体をとって進化してきましたが、今はこういう非物質体になっています。さっきのシンボルは交信の手段としては宇宙では、少なくともこのあたりのローカルバブルでは、一般的な方法です。我々のように物質的な形態から非物質体に進化したばかりの場合には特に有効です」

前にも何回か、他の星で似たようなパターンを見たことがある。あれは交信手段だったんだ。後でどこで見たか記録を調べてみよう。ここでガイダンスの指示でシリウスへ行かねばならない。「ありがとう」と言って別れる。

「またいつでも来なさい」

すぐにシリウスへ着く。

非物質の存在が現れる。何か見えるわけではないが、わかる。会話を開始する。

「ようこそシリウスへ。私はＮＫ００８９７（こんな番号のような硬い感じ）です」

何か、警察というか、事務的な感じで、早口で説明が始まった。

「我々はフォーカス35にいる非物質的生命存在です。シリウスの惑星のそばにいます。ここから地球やケンタウルスなどへ生命体を派遣する役割を担っています。それではこれからみながいるところへ行きましょう」

いっしょに前へ動いていく。何となく、前をいく存在の姿が見える。すらっとしていて女性的だ。まわりの様子も見えてきた。大きな建物の中にいるのか、右手が開放的で左手は壁のような感じだ。

「あなたは女性ですか」

「そうです」

「非物質なのに男女があるのですか」

「そうです。生命エネルギーに男女のサイドがあるように、非物質でもその表現として男女が選べます」

「選べるということは、男にもなれるのですか」

「そうです。いろいろな形での学びがありますから」

「ここでは思いを具現化することで学びます。あなたが言うように想像は創造です」なるほど。「想像は創造」と常日頃言っているのをなぜ知っているのだろうか。こちらの心を読んでいるのだろうか。

なにか広いところへ来た。楕円形の部屋だ。奥行きが15メートルぐらいか。右手と前方の壁に窓が一面に広がっていて、外が見える。

「ここではまわりに物質的な世界を具現化することができ、その中で暮らすこともできます。たとえば、今は、外は地球の様子が再現されています。これからプレアデスの世界に代えてみましょう」

外が青白くなった。ここでガイダンスがＶ８へ帰還するように言っている。置いてきぼりになっても困るので、残念だが、感謝し大急ぎで戻る。Ｖ８で移動し、戻る。帰還。

ケンタウルス座アルファで、銀色の金属の球体が見え、そこに絵文字のようなパターンがいくつも見えた。これと似たものを前にも見たことがあった。どこでだったか、過去の記録を調べてみると、次の２つの体験があった。いずれも非物質界でのシンボルを用いた交信だったとは驚きだ。

１　１回目のスターラインズで、アークチュルスへ行ったとき。アークチュルスは古びた黒いガラス玉といった感じで、シンボルのような絵のようなものが表面にいぶし銀色で彫られていた。

2　5回目のスターラインズで、地球のコア結晶へ行った際、コア結晶が球体になり、表面が黒っぽい灰色で金属光沢があり、そこに絵文字のようなパターンがいくつも彫られていた。

このセッションで得た情報をまとめる。

1　ケンタウルス座アルファの大きいほうの星の惑星のそばには非物質の生命体がいる。フォーカス27にいる。彼らはシリウスから来た。以前は物質の体をとって進化してきた。

2　魚は宇宙では一般的な生命形態である。

3　ケンタウルス座アルファで、銀色の金属の球体が見え、その表面に絵文字のようなものが彫られている。これは非物質界でごく一般的な交信手段。

4　シリウスの惑星のそばには非物質の生命体がいて、フォーカス35にいる。ここから地球やケンタウルスなどへ生命体を派遣する役割を担っている。

5　彼らは非物質であるが、性別があり、男女を選んで体験から学ぶ。

6　ここでは思いを具現化することで学ぶ。

３月６日（火）。快晴。朝、窓から見える景色は光にあふれている。芝にはところどころ緑が混じっている。光の感じは春だが、気温的にはまだ寒い。昨日ほどではないが。

アークチュルスとプレアデスの役割

11番目のセッション。アークチュルスとプレアデスを探索する。アークチュルスは古い星で銀河系の年齢よりも古いかもしれない。

アークチュルスに着く。青黒い球のまわりに茶色の蕎麦《そば》が籠状に囲んでいるのが見える。何だろうか、そう思いながら、非物質の生命体と交信を開始する。

「あの見えているのは何ですか？」

「アークチュルスを元としているＩ・Ｔクラスターだ。アークチュルスの生み出す磁場などのエネルギーがフォーカス35的なレベルを生み出すのに適している。そのため、はるかな過去よりここをベースにしてＩ・Ｔクラスターができている。ここからさまざまな星へ、たとえば、太陽系やケンタウルス座アルファへ生命体が移っていく。地球にもここから移っている人が大勢いる。ここを卒業し、もっと上のレベルへ去っていったＩ・Ｔクラスターもたくさんいる。太陽系（地球生命系）やケンタウルス座アルファはフォーカス27までをサポートする。シリウスはここと同じでフォーカス35までをサポートするが、ここはエネルギーがかなり違う。向こうは若い星だし、磁場が違うので、違う体験、学びのための場。そういう違う学びを求めて集まる生命体たちのI・Tクラスターの元になる」

次いでプレアデスへ。

この前会った存在に出てきてもらおうと思う。何も見えない。すると、

「あなたはもうわかっているので、今回は姿をとることはしない」

「ここはやはりボブや私がいたところですか」

「そうだ」

「プレアデスの中のどの星ですか」

「ある星のそばだ」

「ここでは非物質とはいえ、ぐるぐる回ることばかりで退屈になって地球生命系へ行ったんですよね」

「そうだが、ボブは当時知らなかったが、ここにはいろいろなレベルがある。彼のいたレベルよりもはるかに高いレベルもたくさんあるが、彼には当時わからなかった。地球での体験がとても貴重で、それによってここに帰ってきたときに上にいろいろあることがわかった。ここはフォーカス的には35、42、49までである。ここはこの部分の宇宙への入り口だ。別次元の宇宙からこの次元の物質的世界へ来

る入り口である。またこの同じ宇宙の別のところからこの近傍へ来る際の入り口でもある。銀河系の中心も同じことができるが、はるかに高いレベルに行く必要がある。ここではもっと低いレベルで移動が可能だ。ここの磁場、銀河系中心との関係などで、ここでそれが可能なのだ。

ここにいる限り非物質ではあるが、物質的宇宙とのかかわりがあるので、つまり物質的な面を把握できるので、純粋に非物質ではない。だからこそほかの次元からここへ来て、この物質的宇宙を理解しようとする、あるいは学びを得ようとする」

「ピラミッドはここにもあるのですか」

「それについては今度のフリーフローの際に調べなさい」

帰還。

アークチュルスを籠状に取り囲む何本もの蕎麦のような塊はやはりI・Tクラスターだった。籠状の部分がI・Tクラスターの中心部で、そこから、太陽系（地球生命系）やケンタウルス座アルファなど他の生命系へ、蕎麦のような意識の糸が何本も伸びているのだ。それがからまって見える。だからフォーカス42へ行くとまず、このからまったスパゲッティが見えてくるのだ。ただ、シリウス経由で来ているものもあるのだから、籠はシリウスのまわりにもあることになる。またそこから地球へ伸びてくるスパゲッティもあるはずだ。

つまり、籠状の中心部がアークチュルスやシリウスなどあちこちにあって、そこからスパゲッティがさまざまな方向へ伸びているのだ。フォーカス49で網の目状に見えるのは、そういう様を見ているからだろうか。

オリオンの役割

12番目のセッション。オリオン座の星々、オリオン星雲、フリーフロー。

オリオンと言ってもたくさん星がある。三ツ星がピラミッドと配置との関係から意味がありそうなので、三ツ星へいくことにする。そこで質問開始。

「ここととプレアデスとの関係はどうなんですか」

「ここもプレアデスも同じ役割を持っている。ただし、星のエネルギーが違うので、違うキャラクターではある。I・Tクラスターの大本《おおもと》のような役割だ。2つのピークの山を考えてみたらいい。すそはつながっているが、ピークは2つある。ここととプレアデスはそういう感じだ。I・Tクラスターは、互いにつながっているのだ。

ただ、こちらのほうが古い。といっても時間はそれほど意味を持たないのだが、順番という意味で、こちらのほうが前から存在している。オリオンの星々の中にもさまざまなレベルがある。27から49まである。ベテルギュースやリゲルは（確か35か42、思い出せない）」

「ピラミッドについて教えてくれますか」

「それについては前に言ったことで十分で、それ以上は自分で考えてほしい」

「ここにもピラミッドはあるのですか」

「そうだ。地球上の10倍の大きさのものが、ある惑星には存在している」

会話に自信が持てなくなったので、存在に姿を見せてもらうことにする。見えれば、ＯＫ。

じっと待つと、白い細い何本もの線でできた渦が見え、次いで、光の帯が流れながら輪を描く。何回か輪を描いた。体験は本当らしい。

ガイダンスがオリオンからもっと太陽系の近くへ戻るように言っている。

仕方がない。ガイダンスが近傍の星のひとつとしてこと座のヴェガへ行くようにと言っている。ちょっと気になるが、プレアデスへ行くことにする。

ピラミッドについてもっと教えてもらおう。プレアデスの存在は、オリオンの存在と交信しながら答えるようだ。ピラミッドについての復習から入ったが、なにも新しい話はなく、そこでストップしてしまった。がっかりしたが、こと座のヴェガへ。

ヴェガのそばにいる生命存在に聴く。次の情報を得た。

ヴェガはフォーカス35で、アークチュルスなどと同じ役割を持つ。ヴェガから地球へも生命体が来ている。それぞれの星の持つ違った性格（磁場、大きさ、輝度）がそれぞれ異なる生命系、体験を可能とする。それぞれの星に生命系がある。帰還。

ここまでに得た情報をまとめてみる。

1　太陽系内の地球はフォーカス27までの生命系である。

2　同様にケンタウルス座アルファ（二重星）の大きい星の惑星は、フォーカス27までの生命系である。

3　シリウス（の惑星）、アークチュルス（の惑星）、ヴェガ（の惑星）はフォーカス35まで。これらを経由して太陽系（地球）やケンタウルス座アルファへ移る生命体が多くいる。

4　プレアデス星団は星によって異なるが、35、42、49までの生命系。

5　オリオン座にはさまざまなレベルの星があるが、27から49までである。

6　プレアデス星団はこの部分の宇宙への入り口であり、別次元の宇宙からこの次元の物質的世界へ来る入り口である。またこの同じ宇宙の別のところからこの近傍へ来る際の入り口でもある。

7　I・Tクラスターの大本がプレアデス星団にあるものが多い。ここから近傍の星系へさまざまな体験を求めて移って行く。その際にシリウスやアークチュルス、ヴェガを経由する。ここで他の星へ移って行くと言っても物質的な形で空間を移動してやってくるわけではないので誤解しないでほしい。あくまでも非物質の状態で移動する。ちょうど我々がいろいろな星を訪れたようにだ。

8 オリオン座の三ツ星もプレアデスと同じ役割を持つ。ここともプレアデス星団は2つのピークを持つ山のような関係。オリオンから地球へやってきた生命体も多い。

9 さまざまなI・Tクラスターがこれまでにアークチュルスへやって来た。周辺の星系で十分な体験をすると卒業していった。同じことが他の星にも言える。星系はそれぞれが異なる体験を可能とする場である。ある種のテーマパークのようなものだ。星の持つ違った性格（磁場、大きさ、輝度）がそれぞれ異なる生命系、体験を可能とする。

地球がフォーカス27までの生命系であるということは、人間がフォーカス27までと地球上の物質世界の間を輪廻していることを言っている。そこから卒業するとフォーカス35へ行く。同様にシリウスが35までの生命系だという意味は、そこを卒業すると42へ行くということである。

それから、誤解のないように言っておきたい。プレアデス星団がこの辺の宇宙で中心的な存在であると言うと、文字通りにとらえる人がいる。つまり、太陽系も含めてまわりの星が、プレアデス星団を中心に回っているというふうに誤解するのだ。これが物理的にまったくナンセンスであることは、『死後体験Ⅲ』（P210）で詳しく論じている。中心であるというのは、中心的な役割を演じているという意味である。東京が日本の中心であると言っても、日本が東京を中心として実際に回っているわけではない。

恐怖に基づいた心の障壁

13番目のセッション。宇宙ステーション・アルファ・スクエアードと記憶の間《ま》

V8で42へ。例の茶色の蕎麦でできた構造が見えてきた。I・Tクラスターだ。ガイダンスが、宇宙ステーション・アルファへ向かうという。そのまま移動する。前方に白っぽい垂直の柱が見えてきた。宇宙ステーション・アルファか。その上の部分には横向きに伸びるものがいくつか出ている。次第に上昇して、そのひとつへドッキングした。

ロビーがあるという。目の前に大きな部屋が広がっている。左手から前方にかけて大きく窓があるのか、そこを通して真っ暗な空間が見える。床は大理石のような光ったものでできている。右手のほうがここへの入り口なのか。

ガイダンスはヘルパーたちがいるというが、よくわからない。ただ、存在は感じる。前方へ移動。ガイダンスが自分の部屋へ行くように言う。

そちらへ、隣りにいる存在に導かれていく。存在たちの姿が少しはっきりしてきた。

といってもエネルギー体なので水銀でできた人形のような形だ。自分の部屋へ。そこは青黒い空間で、何か柔らかな感じのするところだ。前のように特に調度品があるわけではない。色をピンクにしたいと言うと、

「前回ピンク色にして待ってたら、気に入らなかったようなので、この色にした」

と言う。

「それなら、このままでいい」

「特に何も形をとらなかったのは、そのほうがお気にめすかと思ったからだ」

「そう、このままの非物質的なエネルギー的なままでいい」

ガイダンスが自分のメモリー・ルームへのドアがあることに気がついただろうかと言っている。この部屋がそうなのかと思っているが、よくわからない。部屋はいつの間にか、もう少し床と壁に分かれた。

音声ガイダンスが、メモリー・ルームの鍵をもらい、中へ入るように言う。そのまま ここに落ち着くことにする。深く横になると、前方の空間が大きな真っ黒いスクリーンのように見える。ここで、ガイダンスが、自分の生命としてのすべての歴史を見せてもらうように、と言っている。

「これは何度か見たので、別のでもいいです。自分のハートの詰まりの元になっている体験を見たいですが」

「それも何度か見せたが、うまくいかなかった。またチャレンジしたいか」

しばらく考えてから「そうしたい」と答える。

しばらく待つ。なかなか始まらない。

「リラックスしなさい」

すると、スクリーンに戦いの場面が始まった。砂漠での戦いだ。馬に乗った武者が多数戦っているが、詳細は例によってはっきりしない。そのままはっきりしない映像が続く。やはり、無理なのか。

「恐怖に基づいたものをたくさん抱えている」

と言われる。行きの飛行機の中で見た映画「用心棒」で、腕を切り落とされるシーンがあった。それを思い出す。ときどき、夢でこの手の体験があり、身をよじって恐れていることがある。強い恐怖心があるのか。

戦いに関することはやめて、別のことにする。

ぱっと頭に浮かんだのは家内との過去世での関係について。それを見せてもらうことにする。何も見えてこないが、かわりに解説が始まった。

「人間になる前にもずっとつながりがあったが、人間になってからでは、最初のいくつかの関係のひとつは、兄弟だ。今の奥さんがそのときは妹で、あなたが兄。とても中のいい兄弟。愛し合っていた。その次も兄弟だったか、今度は、それだけでなく、ちょっとしたケンカとか、意見の相違とかを体験した。その後は、兄弟ではないが強い結びつきのある関係で、ここでも親しみと同時に反発も体験した。それは今でも若干引き継がれている。その後、ポリネシアンのときのように、一方が先に死ぬという、悲劇的なものが続く」

ここでガイダンスが宇宙船内を探索するように言う。

小部屋から出ると、そこは床と壁がもっとはっきりとした部屋になっていた。

バーで何か飲もうと思う。するとグラスが現れ赤ワインが注がれた。そのまま飲む。

「赤はお好きじゃなかったですね。白にしましょう」

すると白がグラスに注がれた。それも飲む。ここでワインなんか飲んじゃって大丈夫なのかとちょっと心配になった。

ガイダンスがV８へ戻るように言っているので、従う。

エーゲ海の過去世、再び

15番目のセッションは、銀河系内でフリーフローか、またはメモリー・ルームへ行く。

今回はメモリー・ルームで今まで体験したことのない過去世を体験したいと思いながら始める。すると、初めの部分から映像が見える。青い海。４、５人の男たちといっしょに海岸から数メートル海に入ったところにある仕掛けから魚か海苔《のり》か、何か収穫を得ている。

自分は本家の女性が好きだと思っている。ここではっと我に返る。すぐにまた体験にのめりこむ。

藁《わら》が柵からかかった小屋のようなところで、女性を押し倒している。性的エネルギーが高まっている。女性が誰かははっきりと把握できない。

ここでまた我に返った。この後、どうなったかはわからない。槍《やり》を大勢の人が投げている映像やらが見えたが、これ以上わからなかった。日本人のようでも、もっと南洋の感じもある。肌が黒かったようだ。メモリー・ルーム内へ。

「今回はセックスがらみの過去世をお見せしましょう」

じっと待つ。

洞窟内だ。青黒い海水が見え、黒い岩肌がごつごつしている。

ここは、あのエーゲ海の過去世なのか。何か性的なエネルギーを感じる。

何かが海水か泥の中でうごめいている。ふたりが求め合ってもつれているようだ。はっきりとは見えないが、わかる。

「ここでしか求め合うことはできなかったのだ。ここはあの例の洞窟だ。あなたには愛人がいて、ときどきここで愛し合っていた」

「Aさんの過去世とか」

「そうだ。あなたが前に想像したとおり、彼女は外の街に住んでいて、あなたが若いころに外に物を買出しにいくときに市場《いちば》で知り合った。そのまま好きになって、洞窟内で密会を繰り返すようになった。ただ当時はこれは半ば公然の秘密で、かなりの僧がやっていた。彼女は別の人と結婚することになり、別れなければならなくなった。これがあなたの精神性を大きく高める結果になった。この苦悩がそうさせたのだ。これは紀元前9世紀ごろのこと。タイは正しい。ま、時代はそれほど重要ではないが」(註)

「あなたはこのグループにいたのか」

「そうだ」

別の生を見せてもらう。枯れた木々が生えた下に黄色の花が咲き乱れ、緑の草の生えたところを横方向へ進んでいく。だいぶ行くと木をそのまま使い、ごろごろした石を積んで造った小さな家が見えてきた。その入り口あたり。泥の中に足だけ見える。それが動いている。その隣りにもいる。右手に移動し家の中へ入る。移動するにつれ、順に横方向に人が並んでいるのがわかる。ただ、手と足しか見えない。みな泥と藁の中に埋もれている。手と足がぴくぴく動いている。なにかなまめかしい。

「よくからないが」

註　ここで少し補足したい。『死後体験Ⅲ』に、エーゲ海の洞窟内で瞑想をしていた過去世について書いた。さまざまな事柄からこの時代を紀元前3世紀ごろではないかと推測していた。ところがトレーナーのタイが、紀元前9世紀ではないか、と言っていたのだ。「時空を超える旅」セミナーに参加した際に、タイ自身もこのグループにいたこと、私の弟分のような存在だったことを思い出し、しかも時代もわかったのだという。

「そのうちわかりますよ、きっと感心しますから」

この連中が起き上がり、みなで筵《むしろ》を掲げたまま、こちらのほうへ向かってきた。4、5人に囲まれ、そのまま筵で包まれた。そして左手のほうへ引きずられていく。そのまま斜面を登っていく。頂上あたりに着いた。

みなで立ち上がって向こうに一列になって踊り始めた。太鼓でもあるかのようなリズムで動く。私も足と腰がぴくぴく動く。これは一体なんなのだろうか。

「これがここではとてもセクシーなのだ。みなでこの踊りを踊って性的にハイになったんだ」

「で、どうしたの。誰かとセックスでもしたのか」

「そうではない。このままどんどんハイになっていくんだ。今では忘れられてしまったけど、そういう生き方もあったんだ」

この晩、眠りにつくときに、このガイドが話しかけてきた。

さっきの洞窟の過去世で、女性が結婚した後、私はしばらく苦しんだが、その後、若い弟分と親密な関係になったという。

モンローはこの組織の創始者で私よりもずっと高齢だった。今いっしょに仕事をしているミッツィやタイも、この集団のメンバーだった。それ以外にも、メンバーだったことがわかった人が、私たちの主催するセミナー参加者の中に何名かいる。このときのつながりはかなり強烈なものだったようだ。ところで、若い弟分といい関係になったと言われて、ホモ的な関係を想像したが、実はそうではなかったようだ。

帰国後、本屋でふと目に留まった雑誌を手に取り、なにげなくパラパラとページをめくっていて、目に飛び込んできた文節があった。

「ギリシャ的愛」―古代ギリシャの同性愛―

そこには驚くべきことが書かれていた。その雑誌「古代文明ビジュアルファイル７」（デアゴスティーニ）から一部を紹介したい。

古代ギリシャは、奴隷制度の上に成り立つ、市民による民主主義的社会であった。（中略）市民であっても人権がないように扱われていたのが女性である。奴隷は労働のための道具であり、女性は出産のための道具とみなされていたという。男性市民から見れば、女性には対等な人格がないのである。男性から女性への愛は、人間同士の愛というよりも、愛玩動物に対するそれに近かったのではないであろうか。

そのような男性市民中心であったため、男同士の友情は現在よりも特別なものであった。それは美しく尊いものであり、お互いを信頼し尊敬し合う中で、より強い友情の情を育んでいくのである。その感情は、現在の男女間のものに比べ純粋で汚れのないものとして捉えられていたと考えられる。だからこそ、彼らはそれを社会的美徳ととらえ、愛の神「エロス」のなせる業としてたたえたのである。

本屋でたまたま手にした本に、今の自分に必要なことが書かれていた、という体験は、ガイドからのメッセージの来方の典型例である。私の本のあちこちで、メッセージはこういう形で来ることが多いんですよ、と書いているが、そのとおりだった。

翌3月7日（水）は、53歳の誕生日である。これで2年連続誕生日をモンロー研で過ごしている。外は曇りで寒い。朝、外を歩いたら頬《ほほ》が痛くなった。マイナス5度程度か？

フォーカス42と「穏やかで集中した状態」

16番目のセッションは15と同じで、銀河系内でフリーフローか、またはメモリー・ルームへ行く。

メモリー・ルームで過去世を体験することにする。アルファ・スクエアードのロビーに着いたので、自分の部屋へ連れて行ってもらう。

黒っぽく光る壁の部屋へ来た。昨日来たところだ。

メモリー・ルームへ入る。リラックスして、過去世を3つ見せてほしいとお願いする。

草原が見える。次第に枯れ草の草原になる。なかなか始まらない。

「Patience（忍耐）」と言われる。

突然、目の前に仏壇か何か黒いものが現れ、それが視界一面に広がった。ついに真っ暗になった。こんな体験は初めてだ。しばらく待つが、何も起こらない。ここは……深宇宙だ。宇宙のど真ん中にいるのか。

「よく見てごらん」

白い細い線が何本も走っていて、全体に網目状になっている。ここはI・Tクラスターの中心部なのか。

「そうだ、ここはI・Tクラスターのハート、心臓部だ。ここからさまざまなメンバーたちを見ることができる」

「それならもうやったから、いい」

ちょっと指示に反抗している。今まで反抗するとうまくいかないことが多かったが。

「前回の体験を思い出してごらん」

そうだ。ここで目だけになって全体と一体化しそうになったんだ。もう一度試してみる。あのときは、後ろ向きに仰向けのまま倒れるようにして中へ入った。

やってみる。中へ入った感じは確かにあるが、一体感とかワンネスではない。ただ、ここは穏やかで静かで、ちょうど今翻訳のチェックを終えたへミシンクCDの「オープニング・ザ・ハート」に出てくるCentered Calm（穏やかで集中した状態）だ。

「そうだ。ここに来られると『穏やかで集中した状態』の体験ができる。そういう意味でここへ来るのが目標のひとつでもある」

そんなにすごいところにいるんだ。

ここでガイドたちや、このI・Tクラスターの代表たちに会いたいと思う。

はっきり見えるわけではないが、何人も存在が来たのがわかった。それまで真っ暗だった視界が何か白っぽいものなどで埋められた。

指示が35へ戻るように言ってる。徐々に降りていく。先ほどいたところが上のほうへ上がっていく。幾本もの白い細い線が作る形でそれがわかる。さっきいたところから柱状の中を降りてきているような感じにも見える。

銀河系外へ

17番目のセッションはフォーカス49で銀河系外へ。

42へ、そこからさらに49へ。ニューロン（脳の神経細胞）のネットワークのようなものが見えてきた。I・Tスーパークラスターだ。

次いでガイダンスが銀河系外を探索するように言う。

まず銀河系自体を見てみたいと思うが、特に何も見えない。ガイダンスが、どこへ行ってもいいと言うので、アドロメダ銀河へ行くことにする。渦が見えてくることを期待したが、そうではなく、大きなエネルギーの流れというか、全体の一部を見ているのか、うまく表現できないものが見えてきた。交信を試みる。

「こんにちは。銀河系とMate（結ばれること）するんですか」

「そうだ」という男の声がする。

例によってまたアドロメダ銀河の地球そっくり惑星にいる分身のところへ行くことにする。まず、8畳ほどの部屋が見えてきた。床のカーペットには赤と白のパターンがあり、壁は全面薄緑色だ。次いで画面が切り替わり、図書室とおぼしき部屋の中にいる。黄色の背表紙の本が目立つ。室内は明るい。窓が大きくとってある。

左手を見ると3名ほど人がこちらへ向かってくる。明らかに東洋人だ。男性。

また場面が切り替わり、戸外にいる。そこは下り坂で、石の階段の両側に深い緑の針葉樹が並んでいる。人影が何人も見える。

次いで、坂の上を見ると、白人女性が立っていてこちらに話しかけている。グレーの髪、グレーの目、細身で、30代半ばといったところか。顔は頬がこけている。

また場面が切り替わった。室内。リビングルームだ。白いソファー、白い壁。明るい日差しが差し込んでいる。人はいない。

指示がV8へ戻るように言っている。ここから離れる。

アンドロメダ銀河をもう一度見ようと思う。白い光の楕円形の塊が見える。帰還。

ピラミッドのある天体へ

次の18番目のセッションは、フリーフロー49である。

フォーカス49。例の蕎麦のネットが見えてきた。薄茶色のからまった蕎麦だ。隙間はほとんどない。

どこへ行こうか迷うが、まずアンドロメダ銀河を見せてもらう。

薄い白い線からなる渦が見える。それは風呂の栓を抜いたときにできる渦のように下へかなりの距離伸びている。前に銀河系や源で見たのと同じだ。

次いで、どこでもいいからピラミッドのあるところへ連れて行ってくれと頼む。

黒い空間に、うっすらと白い線からなるトンネルが現れた。その中を前へ進む。

トンネルはくねくねとしていて、掃除機のホースのように凹凸がある。断面はけっしてきれいな円ではない。細い線からなるので外側の黒い空間がよく見る。だいぶ進むと、突然左手を白く光る天体が通過した。月のような姿かたちをしている。

しばらくすると、またひとつ通過。

そのうちにすこし青白く明るいところへ来て止まった。

見るとそこにはピラミッドがある。単純な形ではなく、氷山のようにいくつも面がある。表面は黒く金属のように滑らかで光っている。内部が透けて見えるので、何か液体でできているかのような見え方だ。中が一瞬黄色く光った。これがどういう使われ方をするのかはわからない。また移動開始。同様のチューブを先へ進む。だいぶ行くと、暗いところへ出た。ここは何かの文明の都市なのか、構造物が見えるが、夜なのか暗い。形も長方形ではなく、楕円体のような把握しづらい形をしている。その中にピラミッドがいくつもある。暗いが見える。形は単純なものではなく、さっきと同じような形だ。移動する。小さな家のような構造体が一面に見える。

「ピラミッドのエネルギーを使ってここで冬眠している。意識だけが体脱して別のところで成長している」

そう言われた。元へ戻る。

V8内に帰ってくると、パネルのようなものが見えるので、そちらへ行く。

ここはコントロール・ルームだという。大きな黒いスクリーンが2つ並んでいる。

「これはこのローカル・グループ内を表していて、参加者がどこへ行ったかをモニターしているんだ。たとえばあなたはまずここへ行き、それからここへ行って、今ここへ戻ってきた」

パネルの中央にあるのは銀河系で右手にアンドロメダ銀河がある。小さな星の点がいくつもある。最後はクイックスイッチ法で一挙に帰ってきたことがわかる。

次第に移動したのか、銀河系がスクリーンの右手のほうに出ていく。

食虫植物？

次の19番目のセッションは、再びフリーフロー49である。

フォーカス42。例の茶色の蕎麦が見えてきた。籠状になっているように見える。その中から外の暗い空間を見ている。隙間が大きい。

フォーカス49へ。今度はその上へ出たのか、上から下を見下ろしている。面の上に網状に茶色っぽい、あるいは黄色っぽい線の網状構造があるのだが、面が曲面になっているので、その外側にいるように見える。

今回は何をするか迷ったが、今までに訪れたことがないところへ行きたいな、とぼんやり考えている。まずアンドロメダ銀河を見せてもらう。渦が見える。

ついで銀河系、やはり渦。そのまわりにもいくつか見えてきた。我々の銀河系の属する局所銀河群（ローカルグループ）の銀河たちだ。

「こんにちは」

会話を始める。

「ここのグループは比較的安定しているんだ」

銀河系のそばの小さな星雲が言ってるのだろうか。

「カップルは1組しかいないから。ほかのところではいくつもいるから三角関係やら大変だよ。ま、確かにここには三角座のM33銀河もいて、三角関係になりそうかもだけど」

わはははは。銀河が冗談を言って笑うとは知らなかった。実に人間的だ。

突然、左方向へ猛烈なスピードで移動し始める。このローカルグループの銀河たちの映像があっという間に右手に小さくなっていく。

「え？　どこへ行くんだろう」

「何か今までに見たことがないところへ行きたいと言うから」

どんどん左手へ移動し、しばらく行くと真っ暗な空間で止まった。そこには鳥のように羽ばたいているものがいる。形がしっかりしてるのだが、羽のようなものが激しく動く。これは何なのか。

突然女性の声がする。ちょっと低めの声だ。

「ここにはたくさん面白いものがあるのよ。それが見えないの？」

目を凝らすが何も見えない。どうもここで楽しんでいるらしい。何か西部劇に出てくる安キャバレーの女みたいな印象がある。ここを後にして、右手へ移動。

しばらく行くと、花のような物体のところへ来た。細い数百本の白い線が中央の緑の点から放射状に出ている。茎《くき》に当たる部分の長さが花の直径の数倍ある。

一体何なのだろうか。その物体が話し出した。

「ここにやってきたものを食べるんだ。ま、食虫植物とでも言ったらいいだろうね。

消化したものを糞《ふん》として出すんだ」

下の部分が膨らんでいて、中に丸い緑のものが数百個つまっている。

見ていると、それが後ろから外の空間へ放出された。あっという間に広がっていく。

「これを食べに来るのがたくさんいるんだよ。だからまわりに貢献しているってわけさ」

食べられないうちにこの場を離れよう。移動。しばらくして真っ暗な空間で止まる。

「ここは本当に何にもない空間だ。ローカルグループからかなり離れている」

と案内役が言った。すると、サザエのような形の宇宙船がやってきた。

「ここには観光にやってくる宇宙船がたくさんいるんだ。物理測定をしに来るものもいる。これだけ何もないところはめずらしいからだ」

「ダークマターもないのか」（ダークマターとは宇宙の質量の大半を占めているといわれる謎の存在）

「そうだ」

見ていると、また別の宇宙船がやってきた。そしてまた別のも。

「ここは精神の安定にもいい。ノイズがないから悪影響から離れることができる」

また別の宇宙船が来た。こんどのはなんと言ったらいいのか、焼き鳥の串ざしみたいな、というか、とうもろこしの食べた後みたいな、垂直の棒のまわりにごつごつしたものがついている。これが垂直の棒を軸として回転している。

「回転することで彼らは知覚できるんだ」

これと同じものが向こうにいくつも列をなしている。みな観光にきたんだ。

「おっと、そろそろ時間だ。帰らないと」

案内役はそう言うと、猛スピードで右手へ移動した。そのうちいろいろな構造体が見えてきた。銀河なのだろうか。さらに行く。星がたくさん見える。

「銀河系はまだなのか」

「もう中に入ってるよ」

ガイダンスがＶ８へ帰還するように言っている。何かが見えてきた。構造体だが…、

宇宙空間に浮かぶ花のような構造物。やってきたものを食べているという。まるで食虫植物だ。下の部分が丸くなっていて中に丸い緑のものが数百個詰まっている。

Ｖ８だ。

「我々はＶ８にいたんじゃなかったんだ」

「そうだよ、ポッドで出てたんだよ。２人乗りに改造したんだ」

「Ｖ８を外から見てみたかったんじゃないかなと思ってね」

外からＶ８を見ているのはわかるのだが、それほどまとまった形があるわけではない。ポッドをＶ８につけて内部へ。さっきのコントロールルームへ行き、どこへ行ったか見せてもらおう。スクリーンの前へ来た。何かさかんに画面が変わっていくようだ。適切なのを探しているらしい。見つかったのか、画面が固定した。

「ここからここへ行き、さらにここ経由でここへ帰ったんだ」

「そうなんだ」とうなずく。

「それじゃ」

と言って、いっしょに来ていた案内役のヘルパーは右手へ行こうとするので、引き止めてハグした。そのとき姿がはっきり見えた。ヘルメットと宇宙服のような鎧《よろい》のようなものを着ている。

「宇宙へ出るときはこういうのを着ないと危ないからね」

「おれはどうなの？」

急に不安になった。

「あなたはリーボルがあるからだいじょうぶだよ」

ヘルパーは右手へ行く。そこには大きな窓が広がっていて、船尾か先頭なのか、壁が湾曲している。窓の下には操縦パネルなのか、光るところが何箇所もある。先ほどのヘルパーと同じ姿の連中が2人ずつペアになって装置に張り付いている。全部で6名ほどいる。2名ずつが3メートル間隔でいて、右手の空間をじっと見据えている。大きな窓かスクリーンが横に2面ほどある。しばらく見とれてから、自分の部屋へ行き、シャワーを浴びた。

「宇宙で浴びた汚染物を洗い流したほうがいいよ。さらにこれを飲んだほうがいい」

右手のカウンターにグラスが現れ、それに赤い飲み物が注がれた。それを飲み干した。

そろそろ記録をとっていいだろうか。

「いいよ、この飲み物はグランディングの効果がすごいからね」

クラスター・カウンシル

20番目のセッションでは銀河系コアを探索する。その後、メモリー・ルームへ行く。クラスター・カウンシルに会う。

フォーカス27の向こうのモンロー研の結晶は、薄茶色で実際にモンロー研にある結晶にそっくりだ。V8内へ。はっきり見える。横に窓の列。金色のレール。中央に結晶。シャンデリアのようだ。なぜかテーブルとつながっている。

フォーカス49へ。薄青色の背景に薄茶色の線が網の目を作っている。

指示で銀河系コアへ。渦が見えてくる。風呂の線を抜いた後の渦のように底への深さがある。白地に朱色の線がいく本も流れ込んでいる。反時計回りだ。

しばらく見ているとなぜか流れが止まり、底にだんだんと茶色のものが溜まってきた。まるでトイレの便器だ。汚い。これで、どうして今まで毎回、トイレとか泥とか汚物のイメージが見えたかわかった。ここではなぜか流れが止まってしまうのだ。

トイレの流れをよくする例の器具を取り出して、穴につっこんでふかふかやってみる。効き目があって、流れていったが、すぐに詰まってしまった。また、茶色の汚物がたまってきた。もしかしたら、これは、コアが流れ込みと流れ出しの両方の側面を持っているので、それが矛盾していると感じられるため、頭の中でイメージを作り出す際にストップしてしまうのではないのか。

直感的に得た情報を元に、自分の知識の中から無意識のうちにイメージを選んでいるのだ。だから視覚情報は必ずしも正しくないのだ。連想や想像が知らず知らずのうちに紛れ込む。

なにか実験できないか思案しているうちに、戻るように指示される。

ついで宇宙ステーションのパーソナルルームへ行くように指示がある。移動。

部屋に来た。はっきり見える。床が赤っぽく、壁が黒、壁に凹凸がある、中央に明るい色のコーヒーテーブルが3つある。人が集まってきた。どちらかというと喫茶店のような感じに変わった。ソファが2つ3つあり、6名ほど座った。

次いで、メモリー・ルームへ行くように指示される。ここでそのままでいいと思う。リラックスしていると、目の前が暗くなりスクリーンになった。

ここでクラスター・カウンシルから話を聴く。

「I・TクラスターとI・Tスーパークラスターの歴史について聞かせてください」

「それはこの前話したので、今回は今のあなたの進歩にとって重要な話をしたい。あなたはモンローを追っかけて地球生命系に来た。今、ヘミシンクを広めていく上で、さまざまなヘルプが得られている。あなたの活動に感謝したい。ただいっしょに行動する人たちを大切にし、協力する必要がある」

「ミッツィのことか」

「そうだ、そのほかにもたくさん手助けが来るので、大事にしてほしい。それから時間が差し迫っている。お金の心配は一切いらない。10億円でも用意できる。ピラミッドの研究についても心配はいらない。さまざまな手助けがあるのだ。いろいろな人が同時に並行して進んでいく」

あなたがやらなくてもほかにやる人がいるという印象だ。

「実際に具体化するのは末端の人間たちだ。我々はいろいろアレンジできるが、実際に具体化はできない。我々はみなあなたに大いに感謝している。人間には自由意志があるので強制はできない。そういう意味ではあなたのほうがこちらよりも強いポジションにある」

「でも、私自身の進歩はどうなっているんですか。ヘミシンク普及のためにいろいろ努力しても自分自身の発展は遅くなってしまうような気がする」

「その点は気にすることはない。もうすぐだ」

「いつもすぐだといわれるが、一体いつになるのだろうか」

ここでガイダンスが戻るように言っている。V８へ戻る。

自分の部屋へ行き、シャワーを浴びる。

「今回は戸外に出てないから特に必要ないですよ」

でも念のため、ジュースももらう。グラスにつがれたものを飲み干す。

「グランディングにはいいでしょう」

すぐに起きて記録をとる。


翌3月8日(木)、曇り。2、3度か。今日は最終日。昨晩はうとうとしている時間が多かった。恐怖心が原因のひとつだと言われたが、今晩は時々、刀や槍で刺されることを思うだけで、怖くなって体を縮めて、硬くなっていた。考えてみると、前から切られることや刺されることを思うだけで、体をよじって縮めている。みなそうするのかと思っていたが、この恐怖心は格段に強い。

球との交信

21回目のセッションは、フォーカス49でフリーフロー。

フォーカス49へ。今まで見たのとは少し違う構造が見えてきた。表現しにくいが。これからスターゲートを越えて、I・Tスーパークラスターを超えて、先へ行きたいと思う。そうお願いする。いいだろう、ということで、移動開始。前方に薄い白い線が何本も見えるが、トンネルというほどにははっきりした形ではない。

「前に行ったところを思い描けば、すぐにそこへ行けるよ」

一所懸命思うが、うまく思い描けないのか、ゆっくりしたペースでしか進めない。

青白いところを遅々としたペースで進んでいく。

「躊躇《ちゅうちょ》しているからゆっくりしか進まないんだ」

躊躇しているつもりはないんだが。

青いクッションで周りを囲まれたような中を前へ進んでいく。

「イメージしなさい」と何度も言われるがうまくいかない。それでもだいぶ来た。

「どのくらいか」

「フォーカス70ぐらいだ」

やっと見覚えのある広い空間へきた。一面青いもので覆われている。前のように球形ではなく、さまざまな形だ。その中を後ろ向きにさらに進んでいく。この辺で止まって目の前にいる存在に話しかけることにする。青白いものが前に見える。

「会話というのは適切でない」

とその存在が言った。

「あなたは誰ですか」

「スフィア（球）だ。完璧な知識、意識を意味する。あなたの小さな意識も私の中に入っている。あなたはここととのつながりが細いが、完璧につながりを戻せば、私と一体になるので完璧になる」

「そのためには成長しなければならないのか」

「成長は必要ない。というのは時間は存在しないからだ。成長は時間を前提とする。ここへ統合されれば、私と一体になるので、完璧になる」

「私はなんのためにあるのか」

「プローブ（探査器）だ。未知の探索のためだ」

「未知があるということは完璧ではないということにならないか」

「既知の内部では完璧だ。未知を既知にすることでスフィア（球）は大きくなる」

「なんだか矛盾をごまかしているように聞こえるが」

「それはあなたが私の中をサーチして自分の理解できる部分を自分の言葉で理解し

ているからだ。この交信は交信というよりは、あなたの理解力で限定されているのだ」

ここで時間が来た。戻らなければならない。

「V8のテーブルをイメージするように」

一所懸命イメージする。

「V8のテーブルをイメージするように」

と何度も言われる。やっと戻ったようなので、自分の部屋へ行き、シャワーを浴び、グラスに水を注いでもらって飲み干した。

創造の源《みなもと》へ

22回目のセッションは、地球のコアと銀河系コアを結ぶ。スターラインズの総まとめのセッションである。

地球コアのEC27の結晶へ。明るい部屋へ来た。人が30、40人いる。フランシーンが見える。太った女性ふたりとハグしている。キャロルもいる。このふたりの女性は地球コアの人たちだ。我々参加者たちもいるようだ。みな出発を祝っている。私も女性とハグした。ここからスリング・ショット法で34・35のV8へ。

結晶と、黒い中に白い線でできたテーブルが見える。左手に窓が広がっている。参加者か、何名か見える。

結晶にエネルギーを送るとあたりが明るくなった。部屋全体が白い色に変わった。先ほどの窓に腰掛けていたふたりはカップルなのかハグしている。記念写真をとっている人もいる。

42経由で49へ。例のスパゲッティの構造が見えてきた。

ここでガイダンスに従いメモリー・ルームへ行く。クラスター・カウンシルとミーティングだ。待っていると頭から黒いものを被《かぶ》った人が順にこちらへ歩いて来る。数えていくと全部で10名ちょいだ。ずらっと並んだ。何か、質問しなければ。

「２０１２年で人類はどうなるんですか」

「このことについては前よりもずっとはっきりしてきた。あなた方がスターラインズで銀河系コアとのつながりを強くしてくれたおかげだ。その結果、無条件の愛のエネルギーが地球生命系に注入され始めている。これは意識の進化をもたらすのだ」

「具体的にはどうなるのですか」

「フォーカス35へ行く。これは死んでから起こる場合が多い。死んだ段階でこういう選択があることを教えられるので、その選択をする人が多くなるだろう。これから死ぬ人の数が多くなる」

「天変地異が増えるのですか」

「そんなに心配することはない。これはすべて人類にとっていいことなのだ。35へ行くことでいよいよ人間を卒業できるのだ。近い将来にそれが起こる」

「でも拒否する人たちもいるのですか」

「そうだ、そういう人たちもいる」

ガイダンスがスターゲートを越えて行くように言ってる。「さっきはうまく進めなかったようだが、今回はだいじょうぶだ。我々もいっしょに行く。心配することはない」

しばらく待つ。

「もう移動し始めている。あなたにはよく見えないかも知れないが」

何か青白いパターンの中を移動していく。いっしょにかなりの数の存在たちが移動しているのがわかる。10数名はいるか。みなちょっとあらたまった感じで、何か厳粛な雰囲気がある。正装でもしているような、そんな印象だ。

「創造エネルギーの源《みなもと》まで行きたい」

とお願いする。ところどころトンネルになったりする。かなり来た。

しばらく移動し、止まった。ここは源なのか？

水彩絵の具を流したようないろいろな色の混じった空間に来た。それが白い空間に変わった。ちょっとぼーっとして別のことを考えていて、はっと我に返った。そうだ、質問をしなければ。会話だ。会話を始めなければ。

「会話というのは適切ではない。あなたのことはすべてわかっている」

「ここには愛とか創造エネルギーとかが、相当な強度であるはずなのに何も感じられないが」

「それはあなたの感度が悪いからだ」

また言われてしまった。

「何を学べばいいのですか」

「ここのつながりを思い出すことであって、もうすでに知っていることを思い出すというほうが正しい」

ほかにもたくさんあったはずだが、思い出せない。何かボーっとしてしまい、記憶が残っていないのだ。最後にガイダンスが感謝して帰るようにと言っている。

「どうもありがとう」とだけ言う。

「今回は例外として来られたが、次回来るときは自分たちのパーツ（部分）を全部集めてから来なさい」（註）

猛烈な速度で下へ向かって降りていく。そうだ、モンローも同じことを言われたんだっけ。自分の部分をみな集めないと、源へは帰還できないと。

「我々全員をエネルギーで包んでいる。リーボルのようなものだ。だから、この宇宙へ戻ってきても、前のように大きな変化は感じられないだろう」

トンネルのような中をまだ移動している。

「この宇宙へ帰ってきた。ここはおとめ座銀河団だ」

まわりを見回すがよくわからない。しばらくして銀河がたくさん見えてきた。ひとつの銀河に焦点を合わせて会話する。ズームインでその銀河が大きくなった。

「こんにちは」

「その小さい存在。どこから来たのだ」

銀河系だと言おうと思っていると、銀河系へ帰還の指示がある。移動する。

銀河系が見えてきた。光の渦だ。その中へ。

フォーカス42へ。I・Tクラスターを見たいと思う。白い線でできたロート状のものが見えてきた。中央に大きな穴がある。下へ管が伸びている。

前に来たときにパーティー会場に来たことを思い出し、そこへ行くことにする。

赤い絨毯の敷かれた大きなロビーへ来た。何人かが写真をとっている。左へ移動すると、劇場に入った。そこはタキシードや正装をした数千人の男女であふれていた。みな卒業を祝っているのだ。喜びに包まれている。下のほうに置かれた机にこちら向きに座っている女性の顔が見えた。東洋人だ。みな喜んでいる。

ここから離れていく。また宇宙空間へ。

ローカルバブル内の星を探索するように指示がある。プレアデスに行くことにする。

星団が遠くに見え、それに向かって近づいていく。そのうちのひとつの星のほうへいく。例の渦が現れた。父親的な存在だ。

註 「自分たちのパーツ」とは自分のI・Tクラスターのメンバーのこと。

ガイダンスが太陽系へ行くようにと言う。従う。

例のロートが下向きに見える。やっぱりここにある。白いプラスティックでできたようなロート状のもので、その中央が空《あ》いていて黒い。そこに太陽か地球があるのだろうか。その中を降りていく。突然球体が見えてきた。地球だ。

指示が27へ行くようにという。27へ、自分の場所へ行くように言う。自分のビーチを思う。そこへ行かずに枯れ草の広がる山の斜面に来た。遠くに建物が見える。

指示でECへ。明るい部屋へ来た。数十名の人たちがパーティーをしている。遠くまでの旅から無事帰還したことを祝っている。さっきの太った女性もいる。長旅から無事帰還した。


このセッションの体験についていくつか、コメントしたい。

まず、せっかく創造エネルギーの源まで行ったのに、そのときの記憶はわずかしか持ち帰れなかったように思う。「ように思う」と書いたのは、覚えていないからだ。

ただひとつ、後で明らかになったことがあった。それは源から強烈なエネルギーをもらったということだ。その晩はまったく眠くならず、一睡もできなかった。さらに、帰りのワシントン空港で便を待つ間、普通なら眠ってしまうのだが、今回は目が冴えて眠らなかった。帰りの便でもそんなに寝なかったのに、疲れなかった。こんな体験は初めてだった。

２０１２年に向けて

次に、２０１２年に向けて起こることについて、フォーカス49でクラスター・カウンシルに言われたことをもう少し詳しく解説する。

２０１２年に向けて銀河系コアから地球生命系へ大量の生命エネルギー（無条件の愛）が流れ込む。スターラインズが開発されたのは、そのプロセスを加速するための一環であり、多数の人が銀河系コアを訪れた結果、銀河系コアと地球コアを結ぶ道筋が太くなってきている。それは銀河系コアから大量の生命エネルギーが地球生命系に注ぎ込むことを加速する。この結果、地球生命系全体が人類を含めて意識の進化へと向かう。人はこれまでフォーカス27に至った後、また人間へと輪廻していたが、今後はこのエネルギーを利用してフォーカス35へと進む人が多くなる。

拙著『スーパーＬＯＶＥ』（ハート出版）に書いたが、無条件の愛（スーパーラブ、生命エネルギー）には意識を覚醒し、人間を人間界から卒業させる力がある。つまり、このエネルギーを使えば、人間が輪廻から脱し、フォーカス35へと進むことができるのだ。35へ進むと自分のＩ・Ｔへ戻り融合することになる。

ただし、これはあくまでも本人の合意が必要で、そういう道をとるかどうかは死後、フォーカス27で選択することになる。中には拒否してしまう人もいる。

ただし、地球生命系自体が進化していくので、今までのような形での生命系は維持できなくなるかもしれない。今は物質的な世界と非物質的な世界とが明確に分かれた形での生命系になっているが、その差があいまいな生命系に移る可能性がある。そういう生命系のほうが宇宙では一般的だ。気になるのは、これから死ぬ人が多くなると言われた点だ。

ただし「そんなに心配することはない。人類にとっていいことなのだ。35へ行くことでいよいよ地球生命系から卒業できるのだ。近い将来にそれが起こる」ということで、心配しなくていいらしい。人は誰しもいずれ死ぬのであって、早いか遅いかの違いだけだ。そういう心配をするよりは、フォーカス23から26に囚われることを心配したほうがいいと言える。ただし、この領域も今、大量に救出活動が行なわれている。阿蘇での「死後体験」セミナーでの体験がその一端を見せてくれている。

未来の地球が人間を含めてどうなっているのかについては、実はモンローの『魂の体外旅行』（日本教文社／P344～362）に詳しく書かれている。そこには西暦３０００年を超えた未来の地球の可能性が示されている。

まず、地球のまわりを分厚く取り巻いていた灰色や褐色の環はなくなっていた。つまりモンローが『魂の体外旅行』で環体（リング）と呼んだフォーカス23から27まで、あるいはさらに上までの領域がきれいさっぱりと消失しているのである。

さらに地上には人間はほとんどいない。少なくとも肉体的に活動している人間はいない。エネルギー体としての人間はいて、肉体はリーボルで包んで樫の木の下に保管してある。肉体が必要になったら、適当なのを選んで使うという。まるで、私がオリオン座の三ツ星のそばの惑星で遭遇した生命体たちのようだ。

人間の作ったあらゆるものは元に戻り、地球は元来の生態に復元されているのだ。ただ一部はたとえば花畑だったり、鳥類保護区だったりと、特定の目的のために作られている。

おもしろいのは、今モンロー研の立っているところがどうなっているのか、記述がある点だ。建物や道路がすべてなくなっているのは当然として、東のほうにあった4車線のハイウェイのあたりまで海になっていて水没しているのだ。そのあたりの現在の標高がどのくらいか定かではないが、「グーグルアース」（インターネットで公開されている詳細な地球地図）で大体のところを見てみると、標高100メートルほどのようだ。それぐらいのところまで海面が上昇したことになる。温暖化がかなり進んだと考えられる。

ここにいる人間たちは実はモンローが現れるのを待っていたのだ。そのときのモンローには知る由もなかったが、それが彼らが卒業する合図だった。これについては『究極の旅』のP246に書かれている。

父と会う

23回目のセッションは、スターラインズ最後のセッションで、グランディングをかねて、フォーカス27でフリーフローである。

初めからさまざまなイメージが見えるのだが、なぜか水彩画のような見え方をする。フォーカス27に着く。

父に会おうと思っていたのに、これではまったくだめだ。見えてくるのは水彩画で描かれた映像だ。苛立ちのあまり起き上がり、もう一度、横になる。が、変化なし。そこで、イメージには注意を向けないことにした。父に会いたいと思う。よくわからない。が、父が現れた感じがした。ハグし合う。

「お父さん、元気ですか」

「あー、元気だよ。お母さんはどうしているかな」

「元気にしてますよ」

「それはよかった」

そんな感じの短い会話の後、父が話し始めた。

「ここでいろいろ説明を受けたよ。35へ行くとすばらしいらしいね。政道たちのお陰で、35へ行きやすくなったらしいね。ここでは有名なことだ。政道の父ということで誇らしく思うよ。なんでもエネルギーが入ってくるんだってね」

まわりの様子がだんだん把握できるようになった。ふたりでショッピング・アーケードのようなところを歩きながら話しているのがわかる。けっこうな数の人が歩いている。

「政道の父ということで誇らしい」

と何度も言われた。こっちとしては、父の姿がうまく見えないので、いまひとつ確信が持てないが。

次々に現れる幽霊

翌3月9日（金）、朝5時にモンロー研から空港に向けてヴァンが出るので、昨夜10時ごろにベッドに入った。ところがまったく眠れず、2時ごろに起き上がり、着替えた。3時40分にフランシーンとM子さんが出発するのでそれを見送った。

その後、4時ごろソファで横になる。玄関から入ってすぐの右の部屋だ。薄暗い中で横になり目をつぶっていると、自分のひざの辺りから上向きに何か白っぽいものがある。もしこれがフォーカス35とか42などで見ていたら、明らかに何かの存在がいると判断するだろう。

ということはこれはやはり何か存在なのか。白い線でアウトラインとそのほかの部分が見えている。自分が体脱をしているのを、体に残ったほうが見ているのだろうか。そうではない。幽霊だ！　若い男だ。何か白い裏革のジャケットを着ているように見える。顔は暗くて見えない。

「こんにちは。あなたは誰ですか」

幽霊も普通の人間だからまったく怖くない。その男は立ち上がり、私から離れていった。

今までいたひざの辺りにはもう何も見えず、左手のほうにその姿があるので、やはりこれは

明らかに幽霊だ
「ここから出ていきなさい」

そう言うと、男は消え去った。ほっとする間もなく、次の存在が現れた。恰幅のいい老人だ。モンロー研でよく出ると言われるカーネルと呼ばれる幽霊かと思ったが、違う。よく見ると孫だろうか、4、5歳の子供がふたり、老人の左右にいて手をつないでいる。

「ここから立ち去ってください」

そう言うと左手のほうへ消え去った。すぐに、別の大男が現れた。ここではっと思い出した。救出活動のことを。追い出すのではない、救出しなければならなかったのに、すっかり忘れていた。

「あちらに光が見えますよ。そこは天国への入り口ですよ」

そう言うと、男は振りかえり、何かを認めたのか、そちらへ向かって移動していった。そして視界から消え去った。すると、今度は日本人の女性が4名ほど現れた。みなスキーウェアーのようなものを着ている。何か日本語で話をしている。

「あちらに光がありますよ」

と言うと、みなそちらのほうに注意を引かれた。ただすぐに移動するわけではない。ゆっくりとそちらへ進んでいく。姿は徐々に小さくなって、左手上空へ消えた。どうもこの部屋は、幽霊界からの出口なのだろうか。きりがないので、ここで目を開け、やめることにした。

帰国後の体験

土曜日に帰国した翌日、３月11日（日）午後２時前、スターラインズのテークホームＣＤを聴く。

音に従って、23、25へ、さらに27へ行く。モンロー研の結晶へ。結晶を把握。例によってはっきり見えるわけではないが、やわらかな感じはある。気がつくと眠ってしまっていて、地球コアの結晶にいる。

ガイダンスに従って、スリング・ショット法でフォーカス34・35のＶ８へ行く。例によって真っ暗な中、結晶とテーブルを思う。はっきりとはしない。ガイダンスに従って結晶にエネルギーを送ると、室内が明るくなり、輝き出した。自分ひとりではなく、他にも手助けがあるのに違いない。

今回はＶ８内をじっくりと探索することにする。左手は、窓が奥へと並んでいて、右手は壁だ。そのまま前へ進んで先頭のコントロールルームへ行こうと思うが、なぜか反転して逆のほうへ進んでいく

ここはいつも真っ先に来る船尾の動力源のあるところだ。はっきりと見えてきた。右手に窓があり、それが大きなカーブを描きながら左前方まで連なっている。窓の列の下にはイスが並んでいて、外が見えるようになっている。

窓に沿っていく。先頭のほうへ近づいてきた。

ここで自分の個室へ行ってみることにする。ここは狭い。4畳ほどのところにシャワーとかバスタブが見える。まるでビジネスホテルのバスユニットみたいなところだ。今までヘルパーがいっしょにいるのが感じられていたが、ここで話しかけることにする。

「今日はけっこうよく見えるのですが、あなたの姿は見えないんですけど。どうしたら見えますかね」

「いろいろ試したらどうです」

じっと意識を集中する。笠を被《かぶ》った坊さんの姿が見えて、消えた。おかしくなってちょっと笑った。情報の端っこをつかんで想像しているのだ。

「この前会ったときにはヘルメットを被っていましたよね。何かを被っていることから、こう想像したんですかね」

ここでまた一瞬意識が飛んだのか、次に船外に出ている。真っ暗い空間にいる。

自分のポッドに乗ってこなかったことを思い出して、心配していると、

「自分のリーボルがポッドになりますよ」

と言われる。確かに自分のまわりにはすでに何か光るものがあって、それが自分を取り巻いているのが見える。他にも2名、というか光の球のポッドが2機見える。モンローがいるような気がする。

そのまま太陽を観察に行くことにする。自分でそう思ったのか、それとも彼らがそう計画していたのか、わからないが、太陽へと向かう。視界が明るくなってきて、黄色っぽい強烈な光の存在が見える。暖かく、優しく、気持ちがよい。

「太陽は物理的な光のエネルギーだけでなく、非物質の生命エネルギーも放射しているんだよ。前に言ったように、このスペクトルは広い範囲に広がっていて、無条件の愛はその一部なんだ。太陽の光を浴びるのは、そういう非物質のエネルギーをもらうという意味もあるから、大切なんだ」

「ということは太陽凝視はやはり意味があるんですね」

「実際に目で見る必要はないけどね」

ここでガイダンスがV8内へ戻るように言っている。指示に従う。

ガイダンスはV8が太陽系全体が見える位置へ移動することを言っている。

指示に従い、その位置から、太陽系を観察する。

真っ暗な空間に無数の白い線から成るロート状のものがうっすらと見える。太陽を中心とするポテンシャル・エネルギーの曲線を表しているのだろうか。重力場というよりも生命エネルギーの生み出すポテンシャル場だ。周辺がフォーカス42。

太陽の生み出すこの生命エネルギー場が太陽系というひとつの生命系、環境を生み出し、そこにさまざまな生命体が来て、学習する場を提供しているのだ。

ガイダンスがV8の個人部屋へ戻るように言う。この辺でまわりに例のスタジアムが見えてきた。やはりフォーカス35にはスタジアム、つまり自分のI・Tがあるのだ。フォーカス27へ戻る。その過程のどこかで左にモンローの若いころのような男性が現れた。と思うと父親に変わった。チェックの厚手のシャツを着て、コタツに入っている。死ぬ数年前の父だ。ニコニコしている。

「政道のお陰で、これから35へと行くことになったよ」

そう言って微笑んだ。C1へ帰還。

第7章　さらなる過去世体験、救出活動

この章には、5回目のスターラインズの前後にあった体験について記す。

時空を超える旅セミナー（2007年1月21日）

私たちが定期的に行なっているこのセミナーは、フォーカス15の時間の束縛から自由になった状態で、自分の過去世を体験することを目的としている。そのときの体験である。

まず、江戸時代ごろの男性の姿が見える。無精ひげをはやし、着物の前がはだけていて、足とふんどしが見える。土方とか、かなり、身分の低い男だ。それが私に難癖をつけてきたか何かで、ケンカになった。売られたケンカに応えて、どうもこの男を切り殺したようだ。

その前に江戸の地図が見えた。江戸城の少し南か南西ぐらいにいたらしい。下町の

あたりを指して何かもっと説明があったが覚えていない。

自分は武士だと思う。その後、一瞬眠ったときに、「部屋で謹慎」とか、蟄居《ちっきょ》のようなことを言われた。どうもこの件の責任を負わされ、謹慎処分にあったのだろうか。

その後、町の中の川の流れが見える。「水に流した」という意味なのだろうか。それとも別の意味か。

次いで、女性の雰囲気がある。女性と結婚したのだろうか、よくわからない。

ガイダンスに従い、人生で先のほうへ行く。

金ぴかの大仏が見える。3メートルぐらいの大きなものだ。室内にある。

その前に向こう向きに僧侶が座っている。体格がいい、大きな図体《ずうたい》をしている。ツルツル光る明るい紫色の袈裟《けさ》を着て、帯のあたりが金色に見える。かなり高僧だ。

ついで、死の場面へ。砂漠のような草原を上から見る映像が続く。左へ移動していく。

どうも死ぬ少し前から空を飛んでいるようだ。

「ずっと空を飛びたかったんだ」

とその男が言った。ガイダンスに従い、この僧侶の高次の存在と交信する。

「旗本の息子として生まれた。ケンカで町人を殺し、僧侶にならされる。元々身分が高かったので、僧侶になっても高い地位についた」

どうも僧になっても、それほど仏教に帰依《きえ》したわけではなさそうだ。

この人生で学んだことは？

「人生楽しみなよ」

「やりたいことをやったので満足している」

今の自分との関連、影響は？

「今生の自分のことは知らないのでわからない。ちょっと考えるから待って」

しばらくして、

「今の自分とは直接影響していない。この侍の人生でいろいろな問題は完結した」


この旗本はどこの家だろうか。地図を見せてもらったので、大体の位置はわかった。江戸城の少し南か南西に江戸屋敷のある旗本家である。時間をかけて調べれば、この人を特定することができるかもしれない。

死後体験セミナー@熱海（2007年3月14日〜18日）

私たちの主催する死後体験セミナーは、フォーカス23から27までを体験し、さらに救出活動について学んでもらうことを目的としている。個人的には、最近忙しすぎて、こういうセミナーを開催するときぐらいしか、フォーカス23〜27を体験する機会がなくなっている。その意味で貴重な時間となっている。その中での自分の体験をいくつか紹介したい。

まず3月16日（金）、イントロフォーカス23での体験である。

フォーカス23は初めは暗いが、暗さに濃淡があり、もやもやしている。しばらくその中にいると、白い壁の洋館が見えてきた。アーリーアメリカン風だ。緑の芝生が前にある。なぜか、ふと右手へ移動する。

青い海が見える。黒い岩のごつごつした崖があり、その右に青い海が広がっている。波が海岸に当たって白く砕けている。海の中に救出すべき人がいる。海の中へ入る。海底に大きなものが見える。潜水艦の残骸か。

映像が見えてきた。艦内へ海水が入ってきて、大変だ、と叫んでいるような印象だ。ライトセーバーで切り裂いて出してあげようと思い、切り裂いたり、天井に丸く穴を開けたりする。上に向けて多数の気泡が上がっていく。まだいるようだ。

すると、大きな平らな板状のものの上に制服を着た人が多数立って整列しているのが見える。みな軍帽をかぶっている。

全員を板ごと上へ上げることにする。ガイドに助けてもらおう。

しばらくして海上へ出た。さらに上昇していく。

巨大なものが少し上に見えて、いっしょに上がっていく。戦艦なのか。

左手に岸壁が見えてきた。島という印象だ。そこへ着岸する。

人が多数、左手の岸にある坂道を登っていく。

「ありがとう、ありがとう」と何度も言われた。

そこでガイドと会話することにした。

「自分とどういう関係か？」

「知人の知人、そのうちわかる」

日本軍ではなく、ドイツ軍か？

ここで再度救出のため、フォーカス23へ。空を飛んでいる。爆撃機内という印象だ。

突然、参加者のHさんが正座して頭を抱えているのが見える。ここはいやだからどこも行きたくないと言っているのだ。隣りにOさんがいる。「いつもいっしょなのよ」とOさんが言った。そういえば、前のミーティングでもそういうことを言っていた。

2回目の救出活動

フォーカス27。黒い背景に茶色の蕎麦が網状に見える。例のITクラスターだ。それを上から見下ろしていて、3、4箇所にひざを抱えた人のようなものが見える。そこがフォーカス23などに囚われている人のいるところだと言う。

救出へ行くことにする。網状のトンネル内を前へ移動する。しばらく行って止まる。何かよくわからないものがいる。黒い昆虫のようなもので、一部が金属的に黒光りしている。自分の忘れられた部分だと言われる。

すると、それは若い女性に変わった。20歳ぐらい。黒髪、目が細く、ちょっとつりあがっている。韓国人女優のような顔だ。黒い洋服を着ている。女性は私の一部だと言う。「抱きしめて」と言いながら、こちらへ寄ってきた。そのまま抱きしめ融合した。

すると、青い海の海岸が見えてきた。波が打ち寄せている。多数の歩兵が銃を肩にかけ行軍しているのが見える。その後、ニュース映像のようなよく把握のできない映像が続く。どれも軍関係か。そのまましばらく合体しているように言われる。十分に合体する必要があるとのことだ。

しばらくそのままでいると網状のところが見えてきた。

フォーカス27へ行く。網状の中を移動する。

どうしたらいいのか。よくわからないのでそのまま上っていった。

時空を超える旅セミナーⅠ（２００７年３月25日）

フォーカス15で、ガイダンスに従って過去世の自分へ降りていく。

青空、緑の木々が見える。さわやかな感じがする。緑の大きな葉を持つ草が生えた畑？蓮のような花だが、湿地ではなく、乾燥した畑か草原が見える。

右手へ移動する。徐々に暗くなり、森の中へ入っていく。薄気味悪い。こわい。ここは前に何回か来たことがある。問題のある過去世と関係しているのか。

指示で少し先の時間へ行く。

草原。馬に乗った数百人の兵士?が進軍している。はっきり見えない。矢を向こうへ一斉に射る。無数の矢が放たれた。今度は向こうから矢が無数飛んでくる。それまでかたまって飛んできた矢が、あるところまで来ると、突然一点から四方へ広がって、こちらへ降ってくる。遠くから飛んでくる矢はこういうふうに見えるのかと、納得する。

音声ガイダンスに従い、人生先へ行く。この戦いに勝ったのに、市民の不評をかい、将軍2名（自分を含めて）は処刑された。音声ガイダンスに従い、質問する。

場所は?：ギリシャか?　ギリシャまたはローマ軍のようなものが見える。赤い色?金属の一部?

時代は?：BC5～6世紀?

学んだことは?：仲間同士の信頼、勇気。でも市民から信頼を裏切られた。

今の人生への影響は?：直接的な影響はないが、バックグランドでの影響がある。

そう言えば、以前フォーカス15でガイドたちの集団に会ったことがあった。全員が人の形をしたシルエット状の光だったが、ひとりだけ頭の部分が、古代ギリシャの戦士がかぶる兜《かぶと》をつけていた。てっぺんの部分に扇状に白い房が広がっている兜だ。この将軍だったのだろうか。

第2回・第3回日本人対象ライフライン（2007年4月14日～25日）

モンロー研の公式プログラムであるライフラインを日本で開催する許可が得られ2007年4月に、熱海で2回にわたって開催した。日本人対象のライフラインとしては2006年4月に米国モンロー研で第1回を開いているので、今回は第2回と第3回になる。日本人対象ゲートウェイ・ヴォエッジの5期生であるMさんの会社が所有する「あたみ百万石」を会場として使わせていただいた。

テラス棟と呼ばれる5階建ての建物のうち2階と3階の2フロアーを借り切り使用した。各フロアーには166平方メートルの2LDKユニットが4つあり、各ユニットを4名ないし5名で利用する。広さ的には申し分なかった。またここは標高数百メートルに位置し、全室から熱海湾の眺望を楽しむことができる。その絶景には息を呑むものがある。

食事は加賀料理をベースとしたバラエティ豊かなもの。新鮮でおいしく大好評を博した。1週間滞在するとちょっと太ってしまうのが唯一の難点だったが。

武士軍団の救出

こういう絶好の環境の中で行なわれたライフライン、参加者はさまざまな驚くべき体験をした。それについてはここでは割愛する。私自身の体験のうち、いくつか興味深いものを紹介したい。最初に紹介するのは、プログラム2日目、4月15日（日）の最後のセッションであるイントロ・フォーカス25での体験である。

フォーカス25へ。山のふもとのような広い草原が見える。数千から数万の人？が見える。黒い服を着ていることはわかるが詳細は不明確だ。顔なのか、一部白い部分がある。どんどん近寄っていくが、はっきりとはわからない。

槍を持ったような軍勢なのか？　また別の軍勢が見える。同様の軍勢をいくつも見る。

救出しなければならない過去世がらみのものを見たいと思う。すると場面が切り替わり、和風の部屋が見えてきた。かなり高いところにある感じだ。城の天守閣なのか。廊下の反対側の壁に鏡があり、ふと目をやると、そこに今の自分が映っている。紺色のシャツを着ていて、まさしくこの今の自分だ。フォーカス25では自分は何らかの体を持って現れるのだろうか。窓辺によると、眼下に堀が見え、堀の縁に花をつけた桜の木々が並んでいる。ここはかなりの高さだ。

ここは……大きな城の最上部だ。室内へ視線を戻し、横を見ると、部屋が奥へと続いている。これまた大勢の人、武士？がいる。みな何か忙しそうに動いている。戦いの準備なのか。外に出る。城下町だ。多くの人が行きかっている。

町全体がフォーカス25にあるのだろうか。武士の軍団と、その城、そして城下に住む人々全部が、フォーカス25にあるのか。だとすると数万人規模だ。

翌4月16日（月）、フォーカス25でのフリー・フローの体験がこれに続く。

フォーカス25へ。馬に乗った軍団が見える。数千人規模だ。緑の草原をこちら向きに近づいてくる。詳細ははっきり見えない。ここで、ガイドに自分の過去世がらみで、今の自分に一番影響しているものを見せて、とお願いする。

同じ軍団が見える。これが過去世がらみなのか。

ここから想像することにする。自分が大将で部下に向かって号令を出しているのだ。私が大将ならその命令に従うはずだ。すると部下のひとりが悲壮な声で言った。

「敵が近づいてきています。こちらから先に仕掛けないとやられます」

「戦うな。こちらからは何もするな、武器をおろせ。今までもそうだったが、我々は死なないのだ。戦わなくてもやられることはない」

そう言って、しばらく様子を見ることにする。よくわからない。変化はない様子だ。

ここで映像が切り替わった。青い湖とそのむこうにある白壁の城になった。戦国末期か、安土桃山時代のころの城だと思う。それまでは黒壁が一般的だったという話を何かで聞いたことがある。城の中へ引き上げる。さらに部屋の中へ。数十名の者が集まっている。軍議か。

「戦うな」と再度言う。

するとまた緑の草原へ場面が変わった。数千から万の数の兵士がいる。槍をかかげている。どうも戦いを続けているようだ。彼らの信念は強固でまったく変わらないのだ。


4月18日（水）に入り、プログラムは救出活動になった。3回目の救出活動のセッションでの体験がこれに続いた。


27へ行く途中、フォーカス25で球状のものが見える。よく見ると中にひとつの世界が見える。これが丸ごとひとつの信念体系領域なのだ。その球全体が風船のように上へ上がっていく。誰かがいて、上へと引き上げているのだ。

27へ着く。25にいる例の武士の軍団を救出することにする。

武士のような集団の前へ来た。

「戦いは終わった。ここから帰る。金色の船が迎えに来るので、みなで乗ろう」

とみなに向かって言った。が、その後のことは定かでない。そう不安に思っていると、次第にその場から離れ、遠ざかっていった。今いたところが小さくなっていく。いつの間に誰が切り取ったのか、その領域全体が球状に見えてきた。

すると、それを大男が両手で下から支えているのだ。大男はそれをくるくると回すと、そのまま上へと運んでいって、去った。その後、ガイダンスに従い27へ戻る。

先ほどの城が見えてきた。やはり27へその領域ごと持っていったようだ。

後で、別のセッションの中でガイドに言われた。

「城は今では観光地になっていて、フォーカス27にいる人たちが遊びに行くようになっているんだよ」


城が今では観光地になっているという話は、にわかには信じがたかった。フォーカス27へ持っていってまだ一日も経っていないのに、あれだけの人数を別のところへ移すなんてできるのか、とつい思ってしまう。ただへミシンク・トレーナーのタイがこれを裏付ける体験をしているのだ。彼は人からの依頼を受けては、依頼人の亡くなった知人が向こうの世界でどういうふうにしているか、調べて報告することを行なっている。これまでに100件以上の調査を行ない、かなりの成果を挙げてきている。彼がフォーカス23～27で人を把握する能力には相当のものがあり、その精度は信頼できる。

タイがある人にフォーカス27で会ったところ、彼は殿様の衣装をまとい、両側に若い女の子をはべらせて、酒を飲んでいたという。ところが次の瞬間には別の姿で現れたので、事情を聴くと、城がテーマパークになっていて、その中で貸衣装を着て遊べるとのことだったそうだ。あの城が今ではフォーカス27の住人の観光地になっているというのは案外本当らしい。

それよりも私個人としては、あの信念体系領域に囚われていた自分に関連する武士の集団と城下の人々を全員救出できたことが大きい。ただ、これで武士の集団は終わりなのか、自信がない。ダースベーダーのような黒い武具を身にまとった男はあの中にいなかったと思う。彼の属する集団がまだフォーカス25に囚われている気がする。

南国の女性の救出

その日の3本目のセッションであるヴァイブ・フロー15では別の救出活動を行なった。『死後体験』に書いたが、私は過去世でポリネシア人の男性だったとき、部族間の対立のため殺された。岩の下敷きになって海底に沈み、そのままフォーカス23に囚われていたのだ。それを初めてライフラインに参加したときに救出した。そのときの許嫁《いいなずけ》が今の家内なのだが、家内はその後どうなったのか、心配だった。

家内はそれと関連していそうな夢を見ている。南国の島の海岸をひとりあてどなく歩いている夢だ。孤独感と絶望感。何かの理由でそこに幽閉されたという印象だ。いまだにあの島のどこかに囚われているのだろうか。

セッションは、最初の部分でスリーピング・スルー・ザレインというヘミシンクのメタミュージックが流れる。それを聞いていると、目の前に青い海が広がり、岩の海岸が見えてきた。白砂の浜も見える。家内が過去世で囚われている可能性があるので、救出をしたいと思う。

そう思い砂浜にいると、ポリネシア風の5歳ぐらいの女の子が足元に現れ、喜びながら足にしがみついてきた。さらにひとり、さらにもうひとり現れて足にしがみついてくる。自分の子供たちという印象を持つ。そのまま合体したような感じだ。

しばらくして、黒いアーチ状の岩が見えてきた。こちらが海岸側にいて、岩は向こう向きに伸びている。これって例の岩ではないのか。過去世の自分が死んだあのアーチ状の岩だ。見る角度が違うだけで、確かにそうだ。

水中へ入っていく。ここにあの過去世のときの許嫁がいるのか。

きれいな水色の水の中にいる。底に石が並んでいるのがはっきりと見える。

ここのどこかにいるに違いない。探すことにする。「エネルギー体だ」と誰かに言われた。

ライトセーバーで岩を切り開いたり、ヘッドライトのように光を照射する。しだいに景色が変わり始め、海の中から岩場へ出てきた。光がまわりを溶かしたのか。

目の前にいるはずと、じっと前を見ると、若い女性が見えてきた。茶褐色の肌。長い黒髪。目を伏せている。意識が朦朧《もうろう》としている様子だ。年のころは、ティーンだ。肌がきめ細かく、美しい。向かって左側の髪がそのまま垂れていて、右側はちょっとかきあげたような感じだ。ポリネシアンというよりも東南アジアという顔立ちだ。もっとアジア人的な顔をしている。そういえば自分もそうだった。

彼女はこちらには気がつかない。話しかけると、初めてこちらに気がついた。驚いたような表情をした。

「今までどこへ行ってたの。寂しかったのよ」

と苦痛にも似た表情で訴えてきた。しばらく苦しかった感情を吐露した後、やや落ち着くと、こちらの胸に入ってきた。そしてひとりで悲しかったこと、つらかったこと、そういう感情をぶつけて訴えてきた。

話を聴きながらこちらも涙がこみ上げてきた。バックの曲が振動音だけになり、それが徐々に上がっていく。27へ行こうと思い、抱きしめたまま上昇する。

だいぶ上がるがまだ着かない。そのうち目の前に大きな得体の知れないものがいる。以前、自分を救出たとき蛇がいっしょに登っていったので、これもそうなのかと見るが、よくわからない。しばらくいっしょに上昇する。

薄暗い中に人が大勢いるところへ着いた。シダのようなものが上から垂れ下がっていて、何かポリネシアの原住民的な場所という印象のところだ。ハワイのカウアイ島にある「シダの洞窟」のような印象のところだ。どうも薄気味悪い。どうみてもフォーカス25だ。彼女もここは気持ち悪いと言うので、ここから離れることにする。

いっしょに上昇する。

やがて大きな劇場のようなところが見えてきた。ステージにあたるところが前へ突き出ている。その部分は赤だったか、または金色だった（覚えていない）。手前の観客席に当たる部分に数百人から千人ほどが立っていて、拍手をしている。中央の張り出した部分の少し上の部分だったか、京劇に出てくるような姿の人がふたり立っている。太っていて、赤と一部金色の衣服を着ている。

前にポリネシア人の男性（過去世の自分）を救出した際に来たところとよく似たところだ。京劇のような太った人がいるところも似ている。女性の姿はよくわからなくなったが、ステージの奥へ入っていった感じがする。その後をついて奥へ。

そこは、比較的オープンな印象の大きな空間だ。

「ここから先はガイドたちに任せてくれ」

と言われる。「何か証拠がほしい」と言うと、これだと言ったが、何もくれなかった。というか、よく把握できなかった。

ともかくこの女性を救出できてほっとした。

それにしても顔立ちから言って、ポリネシアと言うよりも東南アジアかもしれない。南の島であることは間違いないが。

ただ京劇のような出で立ちの人が現れたり、以前自分を救出したときにお辞儀をしたり、かなり中国的な要素が見受けられる。ジャワとか、タイとか、あるいは沖縄だってありうる。

第8章　フォーカス27に造られた人間卒業用施設

フォーカス27に新たに施設が造られた。それは人が人間を卒業し、フォーカス27から35へ移行するのを加速するためのものである。それについての知見を得た体験を紹介する。

2007年5月20日（日）、今日は「時空を超える旅コース」の日だが、朝早く品川のセミナーハウスに着いたので、8時少し前ぐらいから死後体験用のFF27を聴く。

まず、フォーカス25。抜き身の日本刀が光って見える。この刃のことで何かストーリーがあった。それを当然のことのように話しているのだが、今では思い出せない。相手は侍の大将か。

「最近、突然、自分の家来たちや、町が消えてしまった。自分ひとりになってしまった。みなどこへ行ったのか？」

過去世の自分ひとりが取り残されてしまったのか。

「どこへ行ったか知ってますよ。いっしょに行きましょう」

そう言い、馬に乗ったその侍といっしょに移動する。バックグラウンドの音がちょうどフォーカス27へ行くところだ。それに従って27へ。

草原に来た。多数の騎馬武者？（黒っぽい人影と馬？の集団）が見える。

「お待ちしていました」

というようなことを言っている感じがする。どこへ行くのか、ついていこうと思うと、

「今は無視して、こちらへいっしょに来なさい」と言われる。

と言われても、誰も見えるわけではない。

「ともかく、いつものようについていてくればいい」と言われて移動する。

緑の草原に木が数メートル間隔に生えたところを見ながら移動。

「どこかわかるか？」

「モンロー研？」

別に建物は見えないが。突然、「教えたいことがある」と言われる。

以下の交信は実際には英語で行なわれた。

「今、生命エネルギーが大量に得られるので、多数の人をフォーカス35へ移行させるプロセスを大々的に行なっている。そのためフォーカス27に多くの施設が造られた。それらには入り口にいろいろな名前が付いている。たとえば瞑想の場、サウナ、冬眠の場、休息の場など。ただ、名前は違っても中は基本的に同じ構造になっている。

いろいろな人が入りやすいような名前が付けられているのだ。その施設の中にはエネルギーの球体がある」

乳白色のプヨプヨした輝く球体が見える。直径は1メートルほどか。

「そのまわりに座り、あるいは立ち、あるいは、寝ころんで、そこからエネルギーをハートにもらう。そのエネルギーは、スーパーラブだ。スーパーラブには心の障壁（地球生命系に留まらせる、さまざまな信念）を解消する効果がある。

ただし、プロセスは一人ひとりにとってかなりの苦痛を伴う。苦痛と言うべきではないが。そのため、ひとりずつにひとり以上のガイドやヘルパーがついて、このプロセスがうまくいくように手助けしている。

さらにフォーカス27には大きなピラミッドが造られた。そこで生命エネルギー（スーパーラブ）を集中し、増幅し、いくつもの球体へ送るのである。

このフォーカス35へ行くプロセスは、以前は球体を使わずに、ガイドによってなされた。ガイドがスーパーラブを集中し、対象の人に送ったが、今は、ガイドを経由しないで、この球体を使って直接送ることができる」

「そのプロセスを今体験したいが」

「そうすると生きていけなくなる。というのは欲とか、生きるのに必要なものがかなり影響を受ける。ほんとうにそういう選択をしたいなら、その道はあるが。あなたの上のほうの許しを得ないといけない。どうしても、と言うならその道はある。

ただ今はその時間がない。ボブに今は概要のみを伝授するように言われた。今は時間がないので、概要のみをお伝えした。それでは今、書きつけていい」

つまり、銀河系の中心核から地球生命系へ大量に生命エネルギー（無条件の愛、スーパーラブ）が注入され始めているので、それを活用する施設がフォーカス27に多数造られたのだ。そのためにフォーカス27に巨大なピラミッドが造られた。エネルギーはまずピラミッドで集中、増幅される。そこから各施設内にある球体へ送られる。

球体のまわりに座った人たちは、ガイドやヘルパーの手助けの下、そのエネルギーをハート内へ注入する。このエネルギー（スーパーラブ）には、各自を地球生命系へと縛るさまざまな信念を明らかに見せる力と、それを解消する力がある。

スーパーラブのそういう力については、拙著『SUPER LOVE』（ハート出版）に詳しく書いたので、そちらを読まれたい。ここでは手短に説明する。

まず、地球生命系はひとつの学習の場である。いろいろな生命体が地球にやってきて物質的、肉体的な体験を通して学ぶ。地球はそのための環境、場を用意している。それは弱肉強食の環境である。そこでの唯一の目標は、「生き残り子孫を残すこと」である。そのために熾烈な競争が行なわれる。

この環境に生まれると、「生き残らないと終わりだ」という「信念」が刷り込まれる。

その結果、人間では、「自分」が「生き残りたい」、「子孫を残したい」という強烈な欲求が生まれる。それは、「エゴ」、「我」を生み出し、食欲、睡眠欲、名誉欲、色欲、権力欲などありとあらゆる「欲」を生み出した。

「欲」はさらに種々の「感情」を生み出す。たとえば、欲が満たされると感じるのは、「うれしさ」、「楽しさ」。欲が満たされないと、「つらさ」、「苦しさ」、「悲しさ」。欲が満たされるのを邪魔されると、「怒り」、「憎しみ」、「恨《うら》み」、「嫉《そね》み」、「ねたみ」。

こういった欲、感情は煩悩と呼ばれる。つまり、地球生命系の弱肉強食の環境が、煩悩を生み出したのである。

我々人間は、感情の大波の中に没頭しているため、自分がそもそもどこから来たのか、何のためにやってきたのか、をすっかり忘れてしまっている。そして、ただただ欲を満たすことだけしか眼中にない状態に陥ってしまった。その結果、欲を満たすことを求めて、何度でも人間を繰り返す、つまり輪廻する状態になっているのである。

モンローによれば、我々はちょうどアル中のようなものである。初めは興味本位で飲み始める。「おいしい」のと、「いい気持」になるので、毎晩飲むようになる。次第に酒が忘れられなくなり、昼間から飲む。さらに朝から晩まで一日中飲むようになる。そうなると、意識は朦朧とし、ただただ酒を飲むことしか眼中に入らない。酒を求めて店から店を渡り歩く。

これが正《まさ》しく我々の状態だとモンローは言う。

感情が我々をマヒさせ、欲が次の生へと舞い戻らせる。

ここで、人間界で生きているために身に付いた信念には、「生き残らないと終わりだ」という最も基本的なもの以外もある。宗教的な信念や倫理観、価値観、体験に基づくトラウマなどである。そういう信念のために舞い戻ることもある。

まとめると、こうなる。

1 地球生命系の弱肉強食の環境によって、「生き残らないと終わりだ」という誤った「信念」が刷り込まれる。

2 この「信念」のために、ありとあらゆる「欲」と「感情」が生じる。

3 「感情」のため意識はマヒし、自分がどこから来たのか忘れ、「欲」を満たそうと輪廻することになる。

4 それ以外の誤った信念も輪廻の原因になりうる。

それでは地球生命系から脱出するにはどうすればいいのか。まず「生き残らないと終わりだ」という「信念」を打ち破る必要がある。ただ、信念が生み出した「欲」と「感情」はそれだけでひとり歩きしているので、信念を消しただけでは消えない。感情に溺れている状態から目覚めさせ、欲の追求から離れさせる必要がある。さらに誤った信念を消し去る必要もある。

こういったことを行なうには、スーパーラブの力が必要だ。スーパーラブとは、宇宙にあまねく存在する生命エネルギーのことである。生命エネルギーにはいろいろな成分、要素がある。無条件の愛、創造性、知性、好奇心、ウィットなどがその代表である。

スーパーラブを心に受けいれると、その力によって人は知覚力が高まり、自分の心の中の、自分を地球生命系へ縛る「信念」や「欲」、「感情」が明らかに見えるようになる。

さらにそういった因子をひとつずつ消し去ることもできる。


フォーカス27にそのための施設が多数造られた。死んでフォーカス27にいる人たちは、これを利用してフォーカス35へ行くことができる。ただ、大量のエネルギーが活用できる期間は限られている。2012年をピークとして、前後10年から10数年程度なのだろうか。だから、これからさまざまな原因で死ぬ人が増えるという。高次の存在たちがこの千載一遇のチャンスを生かさない手はないからだ。

ただ、フォーカス35へ行くのにほんとうに死ぬ必要はあるのだろうか。

生きている段階でフォーカス27まで来て、このプロセスを受ければ、輪廻の原因が消え去ってフォーカス35へいく道があるからだ。ただ、そういう状態になると生きる欲すらなくなってしまうらしい。

ここで考えたいのは、スーパーラブの力には2つあるということである。ひとつは、自分を地球生命系へ縛る「信念」や「欲」、「感情」などを明らかに見えるようにする力。もうひとつは、それらを消し去る力である。

ここで、生きている段階でフォーカス27のこの施設へ行き、スーパーラブを受け入れるのであるが、最初の力のみが発現するようにできればいいのではないか。そうすれば、その後も通常の生活ができる。死んだ後で、初めて2つ目の力を発現させ、フォーカス35へ行くのだ。

さらに、地上にピラミッドを造れば、わざわざフォーカス27まで行く必要もなくなる。地上で生命エネルギーをハートへ取り入れることが可能になる。もちろんガイドやヘルパーの役割を人間が演じなければならなくなる。そのためのノウハウを解明し、実施できるようにならなければならない。そのためにピラミッドの研究をせよと、私にクラスター・カウンシルたちは言っているのである。

ギャザリングは連れ戻すため

2007年5月28日、私の携帯に11C1倶楽部《くらぶ》のメンバーから電話が入った。11C1倶楽部とは、アクアヴィジョン・アカデミーで行なう日本人対象モンロー研ツアーに参加した人たちの集まりである。

彼女はガイドから私へのメッセージをもらっていた。どうしても伝えるようにとガイドから言われたとのことだった。意味がわからないけど、ともかく伝えたいと彼女は言った。

彼女はこれまでにも何度か私へのメッセージを運んできた。その内容は的確なことが多かった。私はちょうどこの本を書き終えるところにいて、最終的なまとめの作業に入っていた。

この段階でメッセージが来たのは偶然ではないと思う。

メッセージの内容はこうだ。

「マス（私のこと）は知らないが、ギャザリングでフォーカス34・35に集まっている異星人たちは、何も傍観するために来ているのではない。彼らの真の目的は、我々が35へ戻った際に、さらにそれぞれのI・Tクラスターへ連れ戻すことにある。I・Tクラスターはプレアデスやオリオンにある。そこまで連れて帰るために来ているのだ。異星人たちは、我々の属するいろいろなI・Tクラスターのメンバーなのだ」

言われてみると納得できた。

我々がフォーカス35へ戻るとは、各自のI・Tへ戻ることである。さらにそこからフォーカス42にあるそれぞれのI・Tクラスターへ戻るとモンローは書いている。I・Tクラスターのメンバー全員が集合すると、さらにこの宇宙から立ち去り、創造の源へ帰還するのである。

フォーカス42にあるI・Tクラスターに帰るには、手助けが必要なのかもしれない。なんせ太陽系を離れてプレアデスやオリオンまで帰還するのだから。そのために同じI・Tクラスターに属する異星人たちが手助けに来ているのである。

第9章　フォーカス21と27をつなぐ橋

　フォーカス23から26までに囚われている人たちが、フォーカス27へ相当なペースで救出されていると前に書いた。ここで、心配なのは、いくらこのプロセスを加速しても、新たに死んだ人たちが23から26に囚われたのでは、なかなか全員が27へ行くことにはならないということだ。

　ところが、それを解決する手はずが、実はすでに進行中であることがわかった。それについて明らかになった体験を次に紹介したい。これは、私たちアクアヴィジョン・アカデミーで開催する「フォーカス21探索コース」での体験である。このコースは、フォーカス21について学びたいという希望者が多かったことを受けて、今回新たに開始したものである。

2007年6月24日（日）「フォーカス21探索コース」

　フォーカス21へ着いた。しばらく見回ると、向こうへと歩いていく人の列に出くわした。それは大きな白い橋へ続いている。人の列は幅が20人程度あり、ぎっしりと詰まった状態で、前へと進んでいく。橋は、ここから前方へ大きく弧を描いていて、先のほうはよく見えない。橋自体はシンプルな構造で、左右に白っぽい欄干があるだけだ。上はオープンになっている。橋の上を人がびっしり並んで歩いていく。そのままフォーカス27へと直接続いているという印象を受けたが、確証はない。

2007年6月26日（火）

朝5時半に目が覚めたので、フリーフロー21のCDを聴く。

フォーカス12あたりで、ガイドと交信を開始する。ガイドに出てきてほしいと言うと、前方20メートルあたりに女性が見える。学校の教室内のようなところで、黒板の前に座っていて、先生という印象だ。

突然、その女性が近寄ってきて、目の前に来た。日本人女性だ。30代か。彼女は私の女性的側面だと言う。すぐにハグし合う。それほどはっきりとした感覚は伴わないが。

名前はなんというのだろうか。今までガイドの名前を聞いたことがなかった。エリザベスという名前がひらめく。ただ、日本人だから、「ようこ」だ。どちらでもいいと言う。どうもしっくりしないので、また名前なしでいくことにする。

この辺でフォーカス21に着いた。例の橋のことを聞こうと思っていると、

「あなたが正しく推測したように、フォーカス21と27を直接つなぐ橋ができています」

目の前にエスカレータが見えてきた。幅3メートルほどのものだ。人と人が肩が触れ合うほど乗って上へ向かっている。上昇する角度が30度ほどあり、かなり急角度だ。エスカレータは大きな通路内にある。幅10メートル、高さ5メートルほどか。

その通路の左右の壁はガラス張りで、天井も同様に透けて見えるようだ。薄いステンレスのような色の窓枠が見える。

このエスカレータは、ショッピングモールの中に自然な感じで設置されているので、フォーカス21でショッピングをしている人が違和感なく27へと導かれるようだ。他にもこういう通路はあるようだ。このエスカレータに乗って上昇していく。

次第にガラス越しに眼下の様子が見えてきた。かなり高いところに来ている。窓越しに白い街並みと青い海が見える。これが三途の川のような境界を表しているのだろう。外をしっかりと見せることで、死んで向こうの世界へ行くことをある程度わからせようとしているとのことだ。

次第に外は暗くなり、この通路内に注意が向くようになっている。外へ注意が向くとフォーカス25とかへ引き込まれる恐れがあるからだ。突然胸が痛くなった。一瞬

でおさまったが、それはある領域が私と関連しているからとのことだ。

そのまま上昇していく。しばらく行くと、エスカレータが徐々に水平になった。終点だ。ここは空港内に似ている。帰国時に入国手続きへ向かう通路のようなところだ。

そのままみなといっしょに移動していく。

広い部屋へ来た。幅が30メートル、奥行きが20メートルぐらいある。赤いカーペットの部屋で、ここも入国審査のために並ぶ部屋のようなところだ。なぜか皆は2列ほどになって右手に並んでいる。私は左手のほうへ移動していく。

「こっちに来てもいいんだけど、誰も知らないのよ」

ガイドはそう言って、左手奥の壁のほうへ移動した。

そこにはドアがあった。ガイドがドアを開ける。

中へ入ると、そこはレストランだ。奥へ細長く伸びた構造になっている。右手が厨房で、左側に二人がけの幅で机が奥へと並んでいる。各テーブルに4名ぐらいずつ所狭しと座って食事をしている。ここは……サミーのレストランだ。タイさんがフォーカス27でよく行くというレストランだ。右手を向く。

「サミーを紹介するわ。マス、こちらはサミーよ。何度も会ってると思うけど」

目の前に人がいるが、はっきりとは見えない。

「マスは何回も来てるから知ってるよ」

そうサミーが言った。私としてはここへは来てても、会えたという実感はなかった。

そうだ、タイさんがここでいつもおいしいものをもらうんだったっけ。何かもらえないかと思っていると、目の前に逆円錐型のグラスがポンと置かれた。中に緑色のアイスヨーグルトのようなものが入っている。スプーンですくいながら食べる。特に味はわからない。

「これからしないといけないことがあるはずだから、これで失礼するよ」

サミーはそう言うと、我々ふたりは左手へ向かった。これからモンローに会うのだろうか。いつの間にかレストランから出て、また空港内のようなところへ来た。サミーのレストランは「受け入れの場」の一角にあるとのことだ。

ここで帰還の指示が来た。フォーカス12へ。さらにC1へ。

2007年6月27日（水）

朝5時ごろからまたフリーフロー21のCDを聴く。

今回も女性のガイドと交信しながら行く。

昨日見せてもらった21と27を結ぶエスカレータ以外に、どういう手段があるのかを見せてもらいたいとお願いする。これだけ大勢の人を送るのだから他にもあるに違いないからだ。すると、上へ向かう5、6台のエスカレータが並んだところへ来た。

東京駅の地下ホームのような場所だ。東京駅と異なり、開放的でガラス張りになっていて外が見える。次に別の手段を見せてもらう。

今度はエレベータが見える。通常の大きさのものだ。これに乗る。女性のオペレーターが乗っていて何やら操作をしている。紺色の制服を着ていて、昔のエレベーターガールのような感じだ。これで27へ。到着するとドアが開き、外へ出る。そこは空港の屋内のようなところだ。外には、空港にあるような管制塔を頂上に乗せた5階建てぐらいの建物が見える。

別の手段はないのかと思っていると、ホームに電車が入ってきた。新幹線のような列車だ。これで21から27へ直行できる。途中で食事を出して、外に気が向かないようにするとのことだ。

このようにフォーカス21と27を直結する道筋ができているのだ。それは橋やエスカレータであったり、エレベータや列車であったりする。27へ行く途中で25などへ意識が向かわないようにさまざまな工夫がなされているのだ。

フォーカス21のさまざまな機能

これまでフォーカス21はこの世とあの世の境界領域ということはわかっていたが、実はそれ以上のことはそれほど解明されていなかった。
今回、フォーカス21探索コースで詳しい情報を得たので紹介したい。

2007年6月24日（日）「フォーカス21探索コース」での最後のフォーカス21のセッション

ガイドと交信しながらフォーカス21へ着いた。フォーカス21について詳しい説明を受けた。モンローが本に書いているナイトスクールはフォーカス21にあるという。人は夜ここに来てクラスに参加し、教師からさまざまなことを学んでいるのだ。別のセッションでこのガイドに出会ったとき、彼女は教室の黒板の前にいたが、あの教室はナイトスクールの教室だったのだ。彼女はそこで教師をしているに違いない。

ナイトスクールへ連れて行ってもらうことにする。

前を女性が歩いていく。以前、フォーカス27を見せてくれたときに出てきたガイドと同じ人のような印象だ。この女性はいくつかの部屋を通り抜けていったが、部屋から部屋へ移ると、服装が瞬時に変わったように見えた。

男子用の風呂場・シャワー室へ来た。20名ほどが裸でシャワーを浴びている。これはエネルギーシャワーで、ヒーリングのためだという。それだけではなく、情報もこの形式でもらうとのこと。

2007年2月にセミナー開催で来日したブルース・モーエンと著者。

次に、一瞬うとうととしたときに、店で何かを買っていた。今回のセミナー参加者の中の数名が、フォーカス21で買い物をしたと話していたが、フォーカス21には、ショッピングをするところがあるという。

ガイドによると、フォーカス21にはいろいろな施設があり、店やショッピング・モールもある。フォーカス27にいろいろな施設があるのと同じだ。フォーカス27は死んだ人用。こちらは生きている人用。フォーカス21は27のミニチュア版とのことだ。

ブルース・モーエンがヒューマノイド型の存在とジャンプの練習をしたところもここにある。海岸もある。カウンセリングを受けるところや、人生相談を受ける場もある。向こうへの橋もある。

我々はみな、夜にここへ来て学ぶのだ。ガイドによれば、フォーカス21はこれまではいろいろと活用されてきたが、これからはその必要もなくなるとのことだ。というのは、皆がフォーカス27から35へと移っていくからだ。

この本を書き終えるにあたり、つくづく思うことは、私はガイドやさまざまな高次の意識存在から、多くの情報をこの本のために、頂いたということだ。最後は、本の出版にぎりぎり間に合う形で、多数の貴重な情報を受け取った。まるで、彼らはこの機を逃したら大変と、大急ぎで私に詰め込み学習をさせているかのようだった。

おわりに

プレアデス星団、オリオン座の星々、シリウス、アークチュルス、ヴェガ、ケンタウルス座アルファなど太陽系近傍のさまざまな星を訪問し、そのそばにいる多種多様な生命体たちと交信し、貴重な情報を得た。

それぞれの星の持つ磁場、大きさ、輝度といった特性が、そのまわりに各々ユニークな生命系を生み出している。それはある種のテーマパークで、それぞれが異なる体験を可能としている。体験が意識の進化を促す。体験を求めて、さまざまな生命体がそういった星系を渡り歩いている。

我々人類も、プレアデスやオリオンから直接あるいはシリウスやアークチュルスなどを経由して、地球へ体験を求めてやってきたのである。いくつものグループがいろいろな時期に(時間は大して意味を持たないが)到着したと考えられる。と言っても宇宙空間を通常の物理的手段でやってきたのではない。非物質の生命体なのだから、エネルギー体で地球生命系のフォーカス27へ来たのだ。

ところが、地球生命系にはひとつ大きな落とし穴があった。それは、一度入るとやみつき、になって出られないという点である。自分がどこから来たのかもすっかり忘れ、ひたすら欲を求めて輪廻するはめになる。人類として生まれた多くの生命体が、このトラップにはまってしまい、そこに留まる結果になった。これは地球生命系が、「肉体的に生存し子孫を残す」ことのみを善とする条件付けを、そこに住むすべての生命体に刻印することが原因である。そのため弱肉強食の戦いが繰り広げられる。

それが今、やっとこのトラップから出られる見通しがついてきた。2012年に向けて銀河系コアから大量の生命エネルギー（無条件の愛のエネルギー）が流入するのだ。それは2012年にピークを迎えるが、実はエネルギーの流入はもう既に始まっている。そして2012年の後10年ほどかけて減少していく。

このエネルギーを活用することで、地球生命系で身についたありとあらゆる信念から自由になれるのだ。このための特別の施設がフォーカス27に造られ、死んでフォーカス27へ達した人たちがフォーカス35へ行かれるようになった。また、フォーカス23から26に囚われている人たちの大量救出が、今、大々的に行なわれているようだ。

高次の意識存在たちは、この千載一遇の機会を逃さないように、さまざまな手を打っている。その結果、今後かなりの人が死ぬことになる。が、これは人類にとって好ましいことであって案ずるべきことではない。

生きている我々が今すべきことは、死後に対する誤った信念から離れ、死後フォーカス27

へ直行できるようになることである。

より多くの人がそうできるように、正しい知識を広める啓蒙活動と、ヘミシンクを通した直接体験が、今、大きな意義を持ってきていると言える。

ウェブサイト&参考文献

モンロー研究所

The Monroe Institute, 365 Roberts Mountain Road, Faber, Virginia 22938-2317, USA
電話：米国(434)-361-1252
ウェブサイト：http://www.monroeinstitute.com/

株式会社アクアヴィジョン・アカデミー

（モンロー研究所公認ゲートウェイ・アウトリーチ・トレーナーである坂本政道と植田睦子が設立した会社）
住所：〒286 0036　千葉県成田市加良部1・1・3・1002
電話：0476・73・4114
ファックス：0476・73・4173
ウェブサイト：http://www.aqu-aca.com

書籍

体外離脱・死後世界について

（1）ロバート・モンロー、「魂の体外旅行」（日本教文社）

(2)ロバート・モンロー、「究極の旅」(日本教文社)
(3)坂本政道、「体外離脱体験」(たま出版)
(4)坂本政道、「死後体験」、「死後体験Ⅱ」、「死後体験Ⅲ」(ハート出版)
(5)坂本政道、「SUPER　LOVE」(ハート出版)
(6)坂本政道、「超意識」(ダイヤモンド社)
(7)坂本政道、「人ははるか、銀河を越えて」(講談社インターナショナル)
(8)坂本政道、「体外離脱と死後体験の謎」(学研)
(9)坂本政道、「マンガ死後世界ガイド」(徳間書店)
(10)ブルース・モーエン、「死後探索1　未知への旅立ち」(ハート出版)
(11)ブルース・モーエン、「死後探索2　魂の救出」(ハート出版)
(12)ブルース・モーエン、「死後探索3　純粋な無条件の愛」(ハート出版)
(13)ロバート・ボーヴァル、エイドリアン・ギルバート、「ミリオン・ミステリー」(NHK出版)

坂本政道（さかもと　まさみち）
モンロー研究所公式認定
ゲートウェイ・アウトリーチ・トレーナー
(株) アクアヴィジョン・アカデミー代表取締役
1954 年生まれ。
1977 年東京大学 理学部 物理学科卒。カナダトロント大学 電子工学科 修士課程終了。
1977 年～ 87 年、ソニー（株）にて半導体素子の開発に従事。
1987 年～ 2000 年、米国カリフォルニア州にある光通信用半導体素子メーカーＳＤＬ社にて半導体レーザーの開発に従事。
2000 年、変性意識状態の研究に専心するために退社。
2005 年２月、アクアヴィジョン・アカデミーを設立。
著書に「体外離脱体験」（たま出版）、「死後体験」「死後体験Ⅱ」、死後体験Ⅲ」、「スーパーラブ」「絵で見る死後体験」（以上ハート出版）、「超意識 あなたの願いを叶える力」（ダイヤモンド社）、「人は、はるか銀河を越えて」「死後世界ガイド」（徳間書店）がある。

最新情報については著者のウェブサイト「体外離脱の世界」（http://www.geocities.jp/taidatsu/）とアクアヴィジョン・アカデミーのウェブサイト（http://www.aqu-aca.com）に常時アップ

著者近影

臨死体験を超える死後体験Ⅳ
2012 人類大転換　宇宙生命体との交信
平成19年８月29日　第１刷発行

著者　坂本政道
発行者　日高裕明

発行　ハート出版

〒171-0014
東京都豊島区池袋３－９－23
TEL03-3590-6077　FAX03-3590-6078
ハート出版ホームページ　http://www.810.co.jp

乱丁、落丁はお取り替えします。その他お気づきの点がございましたら、お知らせ下さい。
ISBN978-4-89295-573-0　編集担当　藤川　印刷　大日本印刷

坂本政道のヘミシンク・シリーズ

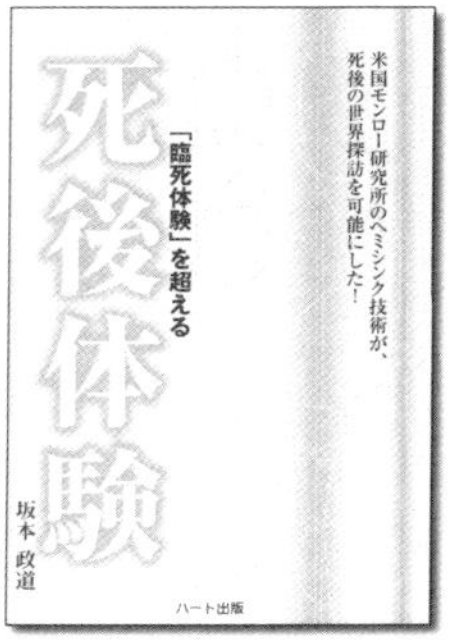

死後探索シリーズ1 未知への旅立ち

これまでは「特別な能力」を備えた人しか行くことの出来なかった死後の世界を、身近な既知のものとして紹介。死後世界を「科学的」かつ「客観的」に体験した驚きの内容。

【死後体験シリーズは現在4まで】

坂本政道／著　本体価格１５００円

4-89295-478-0

絵で見る死後体験

著者がかいま見た「死後世界」を著者自身の手によるイラストによって再現。文章を超えたイメージ世界が全面にひろがる。また、ヘミシンクの原理や愛の原理などもよくわかる。

坂本政道／著　本体価格１５００円

4-89295-522-1

スーパーラブ

死後体験シリーズを、よりシンプルにした内容。本物の愛とはなにか、死をも乗り超える愛とはなにかを説く。日本人になじみのある仏教の視点からも宇宙と生死観を考える。

坂本政道／著　本体価格１３００円

4-89295-457-8